国家智库报告 财经

National Think Tank

NAES宏观经济形势分析

（2016年第1季度）

中国社会科学院财经战略研究院 著

NAES MACROECONOMIC SITUATION ANALYSIS
(FIRST QUARTER 2016)

中国社会科学出版社

图书在版编目(CIP)数据

NAES宏观经济形势分析.2016年第1季度/中国社会科学院财经战略研究院著.—北京：中国社会科学出版社，2016.3

（国家智库报告）

ISBN 978 – 7 – 5161 – 8085 – 3

Ⅰ.①N…　Ⅱ.①中…　Ⅲ.①宏观经济—经济分析—中国　Ⅳ.①F123.16

中国版本图书馆 CIP 数据核字(2016)第 084280 号

出 版 人　赵剑英
责任编辑　王　曦
责任校对　周晓东
责任印制　李寡寡

出　　版　中国社会科学出版社
社　　址　北京鼓楼西大街甲 158 号
邮　　编　100720
网　　址　http://www.csspw.cn
发 行 部　010 – 84083685
门 市 部　010 – 84029450
经　　销　新华书店及其他书店

印刷装订　北京君升印刷有限公司
版　　次　2016 年 3 月第 1 版
印　　次　2016 年 3 月第 1 次印刷

开　　本　787×1092　1/16
印　　张　9
插　　页　2
字　　数　90 千字
定　　价　36.00 元

编　委　会

序　言

从今年起，中国社会科学院财经战略研究院推出宏观经济季度分析报告——《NAES宏观经济形势分析》。自此，在宏观经济领域，财经院每年推出的分析报告形成了由月度、季度和年度报告所组成的完整系列。

其实，在2011年年末财经院组建之后，肩负中国社会科学院院党组赋予的致力于全局性、战略性、前瞻性经济问题研究的重任，宏观经济便被作为一个亟待拓展和重点建设的学科领域而进入财经院"国家级学术性智库"建设的棋局之中。三年多来，随着研究力量的蓄积和研究水平的提升，聚焦于宏观经济形势分析，我们先后推出了年度报告——《中国宏观经济运行报告》、月度报告——《NAES月度经济分析》。在既有年度和月度报告的基础上添增季度报告，做如此的抉择，是经过深刻而慎重考虑的。

（一）

无论操用哪一种指标加以评估，也无论是就全球而论还是单就中国而言，走入新常态的宏观经济形势变化极大，绝对不可与以往同日而语。它带给人们的总体感受是，当前的国内外经济形势越来越错综复杂，越来越扑朔迷离。而且，经济因素与非经济因素交织在一起，周期性因素和结构性因素相叠加，其画面令人眼花缭乱。比如中国经济增长速度一路下滑，从 2007 年的 14.2% 到 2010 年的 10.4%，再到 2014 年的 7.4%，只用了 7 年的时间。又如，财政收入增长速度，"十一五"期间系年均 21.3%，2011 年还是 25%，到 2014 年，即便采取了包括部分金融机构增加上交利润等一系列非常规的特殊措施，也仅为 8.6%。进入 2015 年以来，经济下行的压力有增无减，财政收入下滑速度进一步加快。经济增长面临"破七"可能，作为最具综合性的经济指标之一的财政收入增速，在 1—2 月，事实上已经滑落至 3.2%。

应当说，经济和财政收入增长速度的放缓或下滑，其本身并不足惧。因为，即便以这样的增速同当今世界的其他经济体做横向比较，也算是高速度。况且，按照经济发展新常态的理念加以分析，其中的有些成分还是我们一直想要的，算是乐见其成。当然，有些成分并不是我们想要的，属于被迫接受之列。有些是周期性因素造成的，有些则是经济结构调整的结果。问题在于，在总盘子中，乐见其成和被迫接受的成分各自占的比例如何？周期性因素和结构性因素的作用分别是怎样一种情形？又有哪些是常态性的现象，哪些是短时的现象？如此等等。这些显然不是可不可以回答的，而是躲不开、绕不过，必须回答的事关中国经济发展全局的重大战略问题。

也应当坦承，与以往大不相同的当前极为错综复杂、扑朔迷离的经济形势，在很多方面，是我们所不大熟悉的，凭借以往的知识结构和研究经验难以做出清晰阐释的。所以，面对新形势、新变化，我们的宏观经济分析工作必须以超出以往的精力和气力投入，走出一条"增密度"和"精细化"的新路子。

（二）

依照常识，经济形势越是趋于严峻，越是风云变幻，就越是需要政府加强宏观调控。认识到经济增长状况已经有划出区间调控边界的可能，注意到李克强总理已经在"两会"期间做出了"确保经济运行在合理区间"的承诺，可以肯定且可能在较大范围内达成共识的一点是，近期政府将推出一系列旨在稳增长方面加力增效的宏观经济政策。

然而，面对社会各界事实上已经形成的政府出台规模更大、效果更为显著的经济刺激措施预期，我们必须清醒地意识到，政府固然有出手的必要，甚至也有出更大的手的必要，但绝不意味着可以复制2008—2010年的经济刺激政策版本。道理非常简单，相对于2008—2010年，今天我们身处的国内外经济环境已经与以往大不相同。

除了我们上述的经济形势的变化之外，至少还有如下三个层面的变化是必须引入宏观调控视野的：

其一，对形势的判断变化了。无论是学术界还是决策层，也无论是企业还是家庭，随着国内外经济形势的变化，人们对于形势的认识和判断也在发生变化。一个最为明显的事实是，在今天，我们已经启用"新常态"这样一个新字眼来表达对今天的宏观经济形势不同于以往的判断。所以，立足于中国经济正在向形态更高级、功能更齐全、作用更完整、结构更合理的阶段演化的新判断，有关宏观调控的抉择必须与新常态相契合，建立在主动适应并引领新常态的基础之上。

其二，治国理政的思路变化了。随着形势的变化以及对于形势判断的变化，新一届中央领导集体领导经济工作的思路也在发生变化，已经形成了一系列与以往大不相同的宏观调控新理念。比如，让市场在资源配置中发挥决定性作用，凡是市场和企业能决定的，都要交给市场；政府要主动做好该做的事，要有所为有所不为；要的是有质量、有效益、可持续的发展，要的是以比较充分就业和提高劳动生产率、投资回报率、资源配置效率为支撑的发展；保持一定经济增速，主要是为了保就业；宏观经济政策要保持定力，向社会释放推进经济结构调整的坚定信号；只要经济运行处于合理区间，宏观经济政策就会保持基本稳定；要避免强刺激政策给经济发展带来的副作用，如此等等。所以，鉴于建立在新形势、新判断基础上的治国理政思路已经发生变化，有关宏观调控的抉择必须同新的经济工作理念相对接，根据新理念创新宏观调控体制和方式方法。

其三，宏观经济政策格局变化了。随着形势的变化、对于形势判断的变化以及治国理政思路的变化，不仅在宏观经济政策功能定位同时指向于发挥逆周期调节和推动结构调整两个方面作用，而且宏观经济政策的目标选择也同时指向于稳增长、保就业、防风险、调结构、稳物价、惠民生、促改革等多重目标。这意味着，我们不得不将有限的宏观调控资源同时配置于双重作用和多重目标，从而难免使得以往的"歼灭战"演化为"阵地战"。这也意味着，我们可以依托的宏观调控空间变窄，从而难免使得宏观调控的操作目标或着力重点频繁调整。所以，即便宏观经济政策的基本面亟待在扩张方面加力增效，我们也必须在兼顾稳增长、保就业、防风险、调结构、稳物价、惠民生、促改革等多重目标的前提下，围绕逆周期调节和推动结构调整两个方面的功能作用妥善安排好宏观经济政策的新格局。

面对这一系列变化，合乎逻辑的选择自然是，即便当前经济下行压力持续加大，即便通货紧缩威胁步步紧逼，宏观调控绝不可病急乱投医，重走2008—2010年的强刺激老路。基于新形势、新判断、新理念和新格局，我们必须走出一条与以往大不相同的宏观调控新路子。

还应当坦承，对于宏观调控的新路子，对于适应经济发展新常态的宏观调控新格局，我们尚不十分清晰，还需在不断探索中逐步走上正常轨道。所以，围绕宏观调控问题的分析和抉择，不仅要"冷静观察，谨慎从事，谋后而动，看清楚再下手"，而且要以此为基础，抓住主要矛盾和突出问题，在加强政策研究的"针对性"和操作反应的"及时性"上下工夫。

（三）

相对而言，在中国特色新型智库建设的进程中，财经院算是起步较早的。2011年以来，立足于"国家级学术型智库"功能定位，我们围绕宏观经济领域的重大理论和现实问题研究进行了多方面探索，积累下一些经验，已经初步搭建了一套根植于财经院院情、适合财经院特点的智库运行机制。

有别于大量的无固定人员编制、无专职研究人员、无稳定经费支持的"平台性"智库，财经院是有固定人员编制、专职研究人员和稳定经费支持的"实体性"智库。故而，与通常以课题为线索、随课题而组建团队、人员与经费时常变化的平台性智库的运行有所不同，作为当今中国为数不多的实体性智库之一，财经院显然可归入最适于从事长期蹲守、持续追踪的宏观经济研究、最适于提供科学、及时、系统和可持续的宏观经济研究成果的研究机构系列。

不仅如此，财经院是在原来的财政与贸易经济研究所基础上组建的。由往日的财贸所到今天的财经院，尽管在很多方面发生了变化，但覆盖学科众多、涉及专业广泛一直是我们最为看重且始终引为优势的特点所在。凭借着学科众多、专业广泛的优势，在坚持以问题为导向的智库运行线索中，我们有可能构建一个不同于其他智库的"多学科会诊问题"的特殊机制，以"真正学有所长"的专业化研究根基逼近"真正能解决问题"的智库产品效果。

（四）

正是基于上述的种种考虑，我们决定，宏观经济季度分析报告——《NAES 宏观经济形势分析》将在对中国宏观经济形势做持续跟踪分析的基础上，于每年的 3 月、6 月、9 月、12 月同读者见面，向社会发布，形成可持续的研究成果系列。

我们也决定，宏观经济季度分析报告——《NAES 宏观经济形势分析》的结构将定位于"1 + N"——由一个宏观经济形势总体报告和若干学科、专业视角的宏观经济形势分报告所组成，由此推动并形成举全财经院之力破解宏观经济难题的新格局。

我们更期望，以如此的努力投身于中国特色新型智库建设的洪流，为中国经济的持续健康发展做出应有的贡献。

高培勇

2015 年 3 月 28 日

于《NAES 宏观经济形势分析（2015 年第 1 季度）》付梓前夕

目　录

总报告
2016年第一季度宏观经济
形势分析与第二季度预测

汪红驹　汪　川

摘　要

●2016年，全球经济总体呈现"低增长、低通胀和高不确定性"特征。一方面，发达国家经济总体呈现弱势复苏，同时，受结构性通缩影响，新兴经济体增速下滑，预计2016年俄罗斯、巴西两国仍将持续衰退；另一方面，2016年全球经济面临来自新兴市场经济体衰退、美联储加息和美元升值、全球金融市场波动以及部分地区地缘政治紧张局势的不确定性。

● 中国经济延续 2015 年第四季度的下滑态势，工业生产增速继续放缓，投资增速趋缓，消费低迷，出口形势严峻，去过剩产能继续进行，预计中国 2016 年第一季度 GDP 下滑至 6.7% 左右，消费物价指数为 2.2% 左右。

● 部分先行指标好转、财政收支矛盾加大、房地产市场温和回暖，企业去库存继续进行，考虑 2015 年的基数效应后，经济增长平稳运行的可能性较大。加大供给侧改革力度，破除束缚民间经济发展的体制壁垒，大力支持创新发展；政府加强重大基础设施工程建设，推动"营改增"等财税管理体系建设，实施有力的积极财政政策和灵活稳健的货币政策，为经济平稳运行托底。预计第二季度经济基本企稳，GDP 增速保持在 6.8% 左右，CPI 上涨 2.3% 左右。

● 继续深化供给侧结构性改革，创新宏观调控方式方法。加大力度推进供给侧改革，推动经济转型；落实需求侧的补充措施，确保经济在中高速区间平稳增长；财政货币政策相互配合，从供需两端着力，使经济运行保持在中高速增长的合理区间。

第一部分　国际宏观经济形势分析

2016 年，全球经济总体呈现"低增长、低通胀和高不确定性"特征。一方面，发达国家经济总体呈现弱势复苏，同时，受结构性通缩影响，新兴经济体增速下滑，预计 2016 年俄罗斯、巴西两国仍将持续衰退；另一方面，2016 年全球经济面临来自新兴市场经济体衰退、美联储加息和美元升值、全球金融市场波动以及部分地区地缘政治紧张局势的不确定性。

一　2016 年全球经济格局判断

根据 IMF 的预测，2016 年全球经济预计增长 3.4%，其中，美国的总体经济活动将保持强劲，这得益于依然宽松的金融条件以及不断加强的住房和劳动力市场，但美元走强将对制造业活动产生不利影响，石油价格的下跌将抑制对采矿设施和设备的投资。在欧元区，石油价格的下跌和宽松的金融条件将使私人消费增强，这种有利作用将超过净出口减弱的不利影响。日本的经济增长预计在 2016

年将变得更加坚实，这将得益于财政支持、石油价格的下跌、宽松的金融条件以及收入的提高。

对于新兴市场国家而言，新兴市场和发展中经济体的经济增长将继续分化。其中，虽然中国经济受再平衡调整的影响将持续放缓，受石油价格下跌影响，巴西、俄罗斯等已处于经济困境的国家仍将面临经济衰退；但印度和其他亚洲新兴经济体预计将普遍继续保持强劲增长。

具体而言，根据 IMF 于 2016 年 1 月的预测，2016 年全球经济增速达 3.4%，较 2015 年 10 月的预测下调 0.2 个百分点。其中，发达国家和新兴市场国家 2016 年预计将分别增长 2.1% 和 4.3%，均较 2015 年 10 月的预测下降 0.2 个百分点。2017 年全球经济增速为 3.6%，其中发达国家与新兴市场国家分别为 2.1% 和 4.7%。

就国别来看，IMF 预计 2016 年美国经济增长 2.6%，较 2015 年 10 月的预测上调 0.1 个百分点；欧元区和日本经济增长呈恢复态势，预计 2016 年将分别增长 1.7% 和 1%。对于新兴市场国家而言，IMF 预计 2016 年印度将继续领跑新兴市场国家，预计其 2016—2017 年的经济增长将达到 7.5% 的增速。相比之下，受大宗商品价格下降影响，IMF 显著下调对俄罗斯、巴西和南非等新兴市场国家的经济增速预测，其中，俄罗斯和巴西预计将继续陷入经济衰退，两国2016年经济分别下滑1%和3.5%，而南非2016年预计将增长0.7%（见表1）。

表1   全球经济增速预测   单位：%

年份	2014	2015	2016	2017
全球	3.4	3.1	3.4（-0.2）	3.6（-0.2）
发达国家	1.8	1.9	2.1（-0.2）	2.1（-0.2）
美国	2.4	2.5	2.6（0.1）	2.6（-0.2）
欧元区	0.5	1.9	1.7（0.1）	1.7（0）
日本	0	0.6	1（0）	0.3（-0.1）
英国	2.9	2.2	2.2（0.1）	2.2（0）
新兴市场国家	4.6	4.0	4.3（-0.2）	4.7（-0.2）
印度	7.3	7.3	7.5（0）	7.5（0）
俄罗斯	0.6	-3.7	-1（-0.4）	1（0）
巴西	0.1	-3.8	-3.5（-2.5）	0（-2.3）
南非	1.5	1.3	0.7（-0.6）	1.8（-0.3）

注：括号内表示对预测的修正。

资料来源：IMF《全球经济展望》（2016年1月）。

2016年全球经济面临的不确定性主要来自以下四个方面：

第一，新兴市场国家朝更平衡的增长进行调整，经济增速预计将持续减缓，同时通过贸易、大宗商品价格和信心等渠道产生更大的国际溢出效应，对全球金融市场和汇率估值造成相应的影响。

第二，随着美国经济的持续复苏，美联储将继续通过加息方式退出量化宽松货币政策。受此影响，美元可能进一步升值，并造成全球融资条件收紧，这将带来不利的公司资产负债表效应和融资挑战。

第三，全球经济增长和美联储加息的不确定性等因素将对全球金融市场构成持续冲击，由此可能导致新兴市场经济体出现货币进一步急剧贬值，并可能产生金融压力。

第四，中东等地区目前的地缘政治紧张局势正在升级，全球贸易、金融和旅游业预计将受到较大冲击。

二 主要经济体经济运行情况

1. 美国经济仍处于复苏通道

2016 年以来，美国国内各类经济数据良莠不齐、喜忧参半：GDP 增速、消费者支出、居民收入、通胀等指标超预期向好；制造业、服务业持续疲软，经济仍处复苏通道之中。但总体而言，美国经济继续保持扩张状态，经济稳步增长带来就业增加，就业增加又带来收入增加，最终促进消费拉动经济，形成良性循环。尽管制造业扩张速度继续减弱，但房地产市场保持了良好的发展势头，消费者对经济前景也较为乐观，决策者对通胀前景基本看好（见图1至图3）。房地产市场的持续复苏将有助于拉动经济，就业市场的稳步改善有利于增加民众收入从而带动内需。

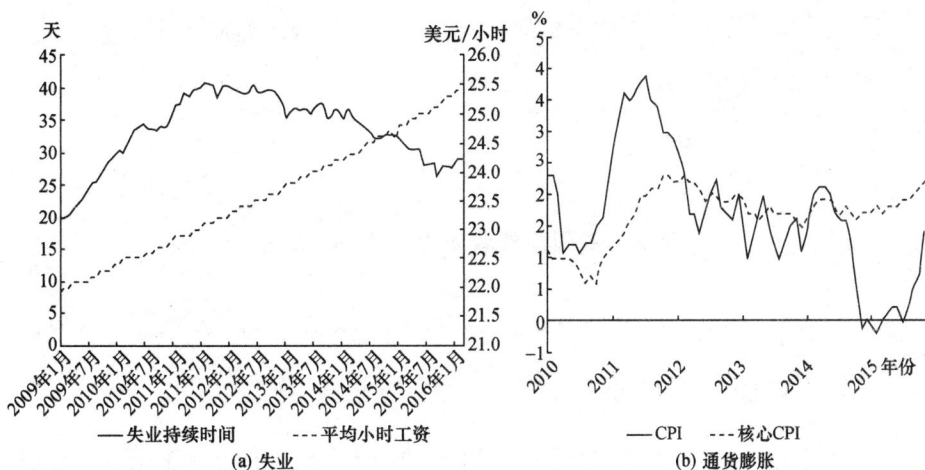

(a) 失业　　　　　　　　　　　　　(b) 通货膨胀

图 1　美国失业和通货膨胀情况改善

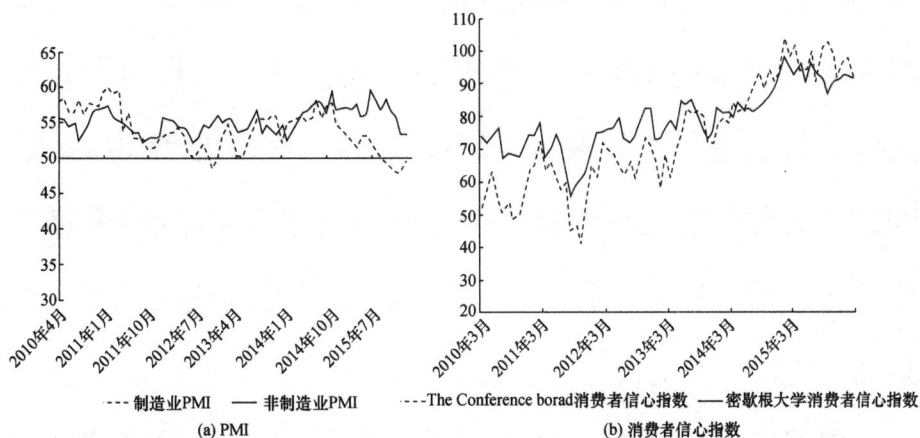

(a) PMI　　　　　　　　　　　　　(b) 消费者信心指数

图 2　美国 PMI 和消费者信心指数

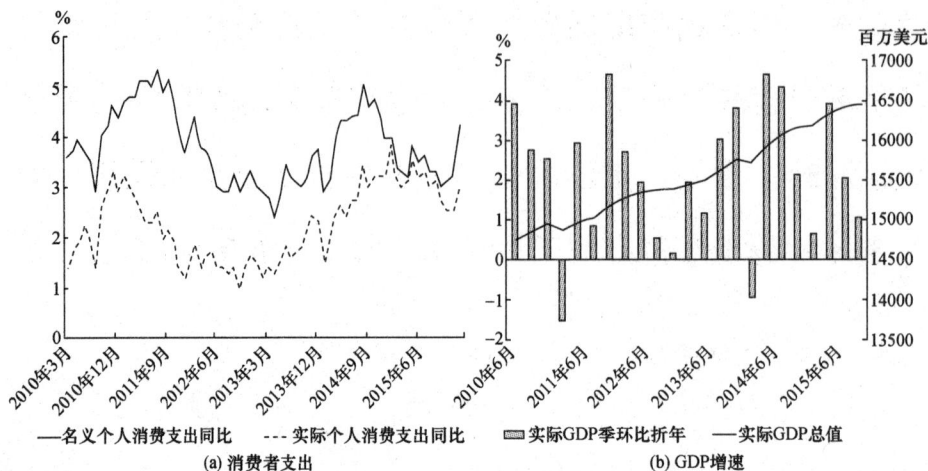

名义个人消费支出同比　--- 实际个人消费支出同比
(a) 消费者支出

实际GDP季环比折年　——实际GDP总值
(b) GDP增速

图3　美国消费者支出和 GDP 增速

2. 欧元区和日本经济：复苏与通缩并存

在欧洲央行宽松货币政策、低油价、欧元贬值三大利好因素的推动下，2015 年全年欧元区制造业基本保持了较高的扩张速度。2016 年第一季度，欧元区制造业扩张速度略有降低，但仍保持在一年来的较高位置。数据显示，欧元区 1 月制造业 PMI 初值 52.3，连续两年多处于 50 以上。IMF 在 1 月最新发布的报告中也将欧元区 2016 年经济增长预期从 1.6% 上调到了 1.7%，也表现出了对欧元区经济前景的肯定。

但是欧元区仍深受通缩威胁。欧元区 2 月通胀率初步数据为 - 0.2%，继 2015 年 9 月之后再次进入通缩区间，虽然其中能源价格同比降幅由 1 月的 5.4% 下滑至 8.0%，但核心通胀同比增速下降至 0.7%，使得即使未来商品价格能够回升，通胀上涨也将受到很大制约，特别是价格变动分类中非能源工业产品价格增长仅 0.3%，这反映了欧元区经济的内部需求不足（见图 4）。

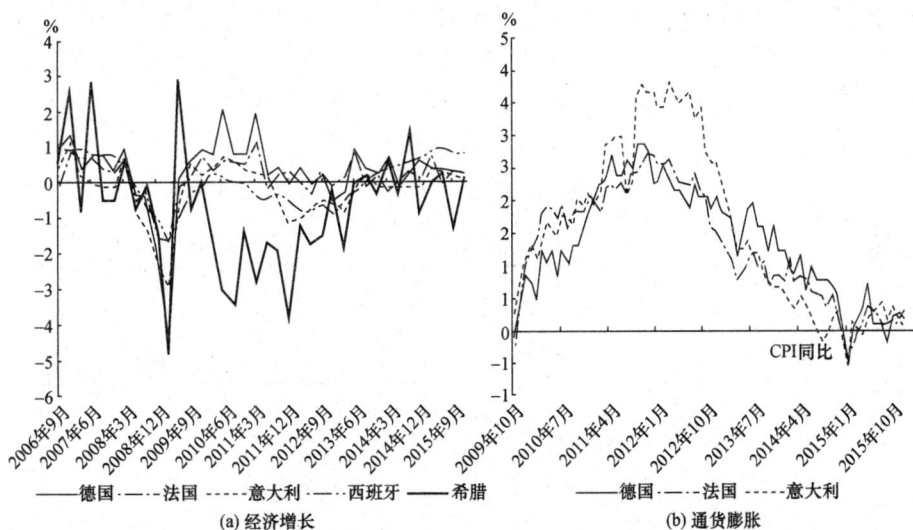

图 4　欧元区的经济增长与通货膨胀

相比欧元区，日本的经济复苏态势更显脆弱：最新公布的 2015 年第四季度日本 GDP 环比折年率为 −1.4%，低于预期。从对于 GDP 增长的贡献来看，需求疲弱是导致 GDP 下滑的主因，无论是私人需求还是公共需求，都显得十分乏力；而持续走低的油价降低通胀预期，日本国内通货紧缩压力不减。另外，日本的净出口却没有得到明显的改善，主要原因在于全球经济放缓影响了日本外贸部门的盈利水平，因此净出口对于 GDP 的贡献相当有限，而 2016 年第一季度日元走强更是加剧了这种态势：2016 年 2 月，日本出口较 2015 年同期下滑 4.0%，进口较 2015 年同期下降 14.2%，贸易收支为顺差 2428 亿日元（22 亿美元）。相比进出口，年初工业订单增长较快，2016 年 1 月日本核心机械订单较前月增长 15.0%，成为经济增长的一大亮点（见图 5）。

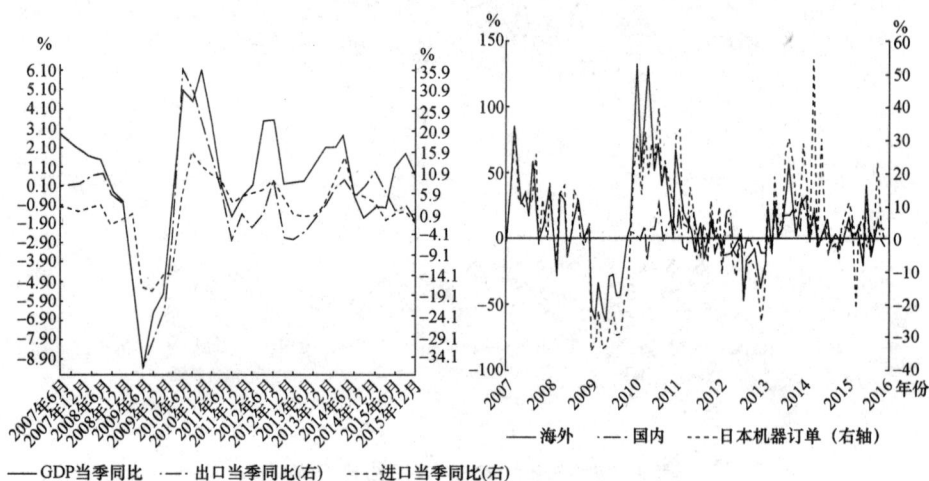

图 5　日本经济增速、进出口增速下滑与工业订单增长

三　美联储的货币政策走向

鉴于美国经济数据的乏力表现和全球经济不确定性增强，美联储于 2016 年 3 月的议息会议后宣布维持利率不

变，仍维持美国联邦基准利率为 0.25%—0.50%。受此影响，美元指数急跌至 95.55，而离岸人民币兑美元（CNH）抹去此前全部跌幅，大幅飙升逾 200 点。现货黄金短线急升至 1248.10 美元/盎司日内新高，而美国三大股指转至平盘以上，同时 10 年期美国国债收益率下跌，而美国原油期货则大幅扩大涨幅逾 5% 至 38.62 美元/桶。

美联储之所以维持基准利率不变，究其原因，主要是 2016 年以来全球经济和金融市场持续动荡，虽然美国经济活动一直温和扩张，但企业固定投资和净出口疲弱；就业方面的市场指标显示就业市场进一步增强，但因能源价格下跌以及非能源产品进口价格降低，近几个月通胀水平仍在 2% 较长期目标水准之下。由于美联储货币政策目标是寻求促进就业最大化和物价稳定，未来经济增长和就业形势不明以及通胀处于较低水平徘徊是美联储不加息决策的核心因素。

预计未来，随着美国经济活动将继续温和扩张，就业市场指标将继续增强，且随着能源和进口价格下挫的暂时性影响消退，预计短期内通胀将有所回升。从经济数据来看，第二季度美联储加息概率较大。

不仅如此，2016 年，联邦公开市场委员会（FOMC）

将按照惯例进行四位委员轮换调整，即将进入 FOMC 的四位成员偏鹰派阵营。因此，随着经济数据在第二季度的不断回暖，预计 6 月出现本年度第一次加息的概率较大，全年加息仍维持 1—2 次。

四　欧元区和日本央行的负利率货币政策

近期，欧元区和日本央行的负利率政策动作频繁：2015 年 12 月，欧洲央行宣布下调隔夜存款利率 10 个基点至 -0.3%；2016 年 1 月底，日本央行宣布下调超额储备金率（IOER）10 个基点至 -0.1%，首度施行负利率；2016 年 3 月，欧洲央行进一步下调隔夜存款利率 10 个基点至 -0.4%。

与扩张性货币政策的逻辑一致，欧元区和日本央行推行的负利率政策是为了避免全球范围内结构性通缩而导致的通胀下行和需求萎缩，起到刺激需求、支撑通胀预期和缓解本币贬值压力等作用。值得指出的是，负利率政策下存贷款利率并非为负。与通常情况下的利率不同，负利率的政策标的并非存贷款利率，而是央行调整银行间时差的存款便利和超额准备金率，因此，负利率的政策后果是调整银行间隔夜存款市场利率为负。虽然通过降低金融机构的资金成本来降低存贷款利率，但即使在负利率政策下，居民存贷款利率一般仍高于零。

1. 负利率的政策实践

就欧洲央行的负利率政策来看，欧洲央行常规的货币政策工具包括基准利率、存款便利利率和边际贷款便利利率三种，三种利率构成了典型的利率走廊。其中基准利率是欧洲央行对商业银行的再贷款利率，处于核心地位；存款便利利率是商业银行对央行的存款利率，相当于超额储备金利率，是利率走廊的下限；而边际贷款便利利率是商业银行对央行的贷款利率，是利率走廊的上限。欧洲央行的负利率政策是将作为存款下限的存款便利利率降到零利率之下。实际上，早在2014年6月欧洲央行就首次将存款便利利率下调到负区间至 -0.1% ，目前，该利率下限已调至 -0.4% ；而基准利率和边际贷款便利利率同期下调为0和 0.25% （见图6）。

相比欧洲央行所执行的利率走廊模式的负利率政策，日本央行的负利率政策更加体现了数量宽松（QQE）的特点。从政策设计来看，日本没有直接全面采用负利率政策，其负利率政策引入了三级利率体系。这一方面是为了增

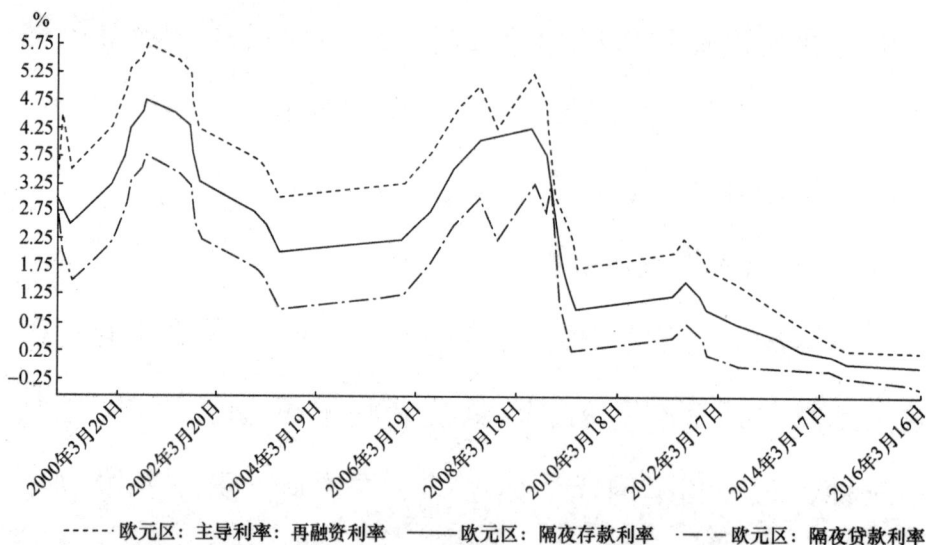

%

欧元区：主导利率：再融资利率　　　欧元区：隔夜存款利率　　　欧元区：隔夜贷款利率

图6　欧洲中央银行的利率走廊机制

加金融机构的存款成本，从而变向执行量化宽松的政策；另一方面，目前日本金融机构在央行的准备金已经高达230万亿日元，接近所有存款额的35%。全面负利率的打击面太广，会造成金融机构不必要的收入损失。而三级利率下的负利率只会提高小部分增量准备金的成本，对金融机构现有准备金不会带来很大影响。日本央行对当前金融机构在央行存放的准备金进行划分：第一级为 Basic Balance，即 QQE 期间各金融机构在央行累计存放的准备金，这部分准备金继续适用0.1%的利率；第二级为 Macro Add - on Balance，该部分包括央行要求的金融机构法定存款准备金以及一些救助项目为金融机构提供的准备金，该部分施行零利率；第三级则为除 Basic Balance 和 Macro Add – on Balance 以外的其他增量准备金，这部分资金利率为 –0.1%。这意味着，日本央行通过直接对部分超额准备金适用负利率来带动银行间市场的利率下限。

2. 负利率的政策效果

就政策效果来看，负利率政策是量化宽松政策的加强版，能够推动货币市场利率显著下行，尤其对长期利率确有明显压低效果。以欧洲央行的负利率政策为例，如图 7 所示，自 2013 年实施负利率以来，欧洲长期政府债务收益率一路下行，并且成功将欧元区银行间隔夜拆借利率也降至负利率水平。

同样，对于日本央行而言，负利率政策也取得了较为明显的效果。如图 8 所示，自 2016 年日本央行下调超额准备金利率为负之后，银行间市场隔夜拆借利率也随之降为负，同时带动了政府债券收益率下降，尤其是十年期等长期政府债券品种的收益率降幅明显。

负利率政策不仅可以促进长期利率的下降，还将刺激金融机构向信贷市场投放资金。以日本为例，2010 年以来，虽然日本央行通过宽松的货币政策释放了大量货币，但

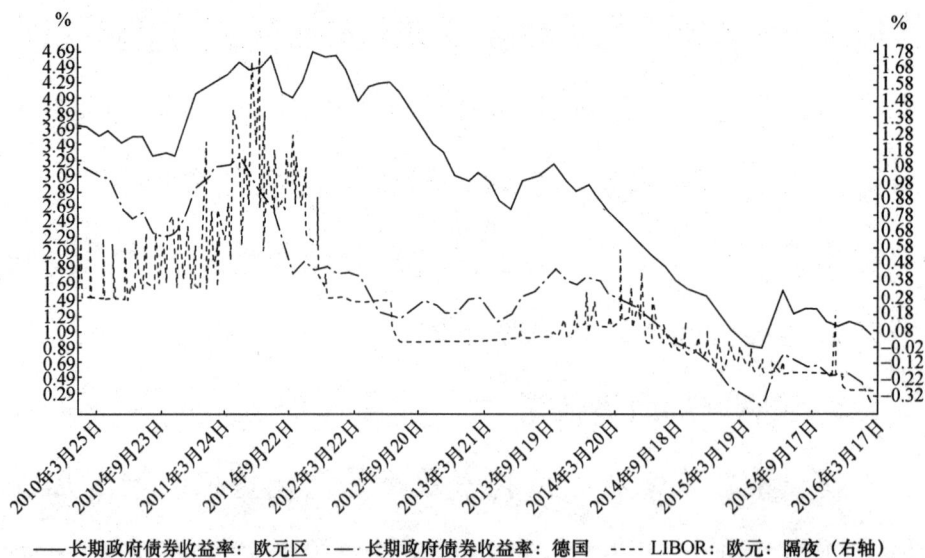

图 7　欧洲央行的负利率政策效果

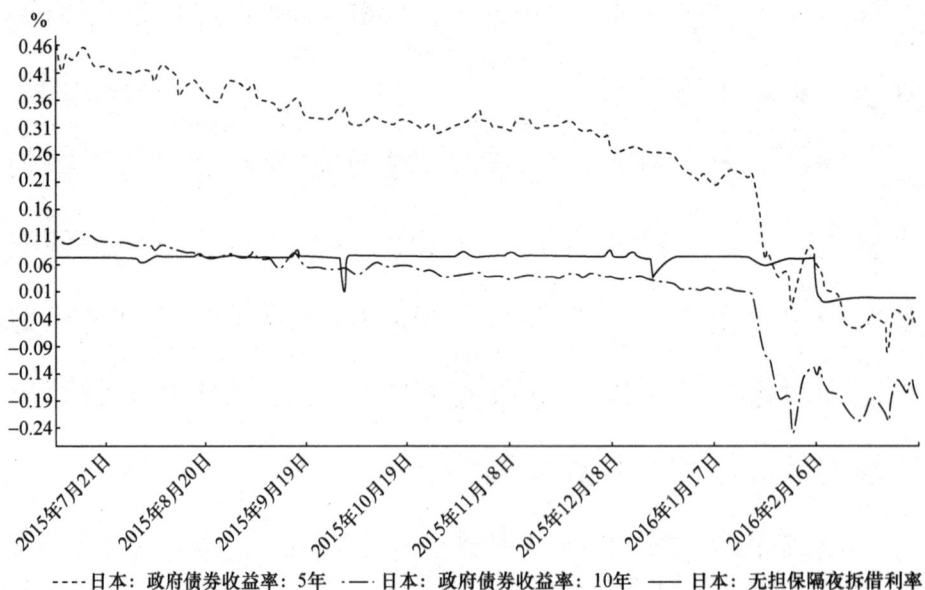

图 8　日本央行的负利率政策效果

其中大量资金被金融机构以超额准备金形式存回中央银行，金融机构的超额准备金和法定准备金之比从最低的0.01 飙升至 25 的水平。受此影响，2010 年之后广义货币（M2 和 M3）持续扩张，但相应的货币乘数出现明显下降：M2 和 M3 的货币乘数分别从 12 和 8 下降到了 2.5 左右。扩张性货币政策的效果大打折扣。目前日本金融机构在央行的准备金已经高达 230 万亿日元，接近所有存款额的 35%。

而在负利率政策下，日本央行下调超额储备金率（IOER）至 −0.1%，金融机构若继续将资金以超额准备金形式存在中央银行，其资产将明显缩水。因此，负利率货币政策将会通过刺激金融机构重新组合其资产，加大对信贷市场的资金投放。

总体而言，欧元区和日本央行的负利率政策虽然在短期内取得了较好的政策效果，但长期执行负利率政策会加重金融体系负担，而且在金融自由化的趋势下，金融机构还会通过购买收益率为正的国外政府债券（如美国国债）等资产来规避本国央行的负利率政策，负利率政策将显著改变金融机构的资产构成，从而加剧金融系统的不确定性。

第二部分　中国宏观经济形势分析和预测

一　当前经济运行的主要特征

1. 工业生产下滑态势趋缓，产业结构优化

2016 年 1—2 月工业生产领域数据好坏参半。一是工业生产增速回落较快。因制造业产能过剩、传统产业淘汰力度加大、汽车等主导行业发展减速、投资需求不旺等因素导致工业生产加速下滑，2016 年 1—2 月，规模以上工业增加值同比实际增长 5.4%，增幅较上年同期放缓 0.2个百分点，为 2009 年 6 月以来最低点。二是结构继续改善，高技术产业、符合消费升级方向的新兴产品增长较快。1—2 月，航空航天器及设备制造业、电子及通信设备制造业和信息化学品制造业同比分别增长 27.5%、12.1%和 21.1%；运动型多用途乘用车（SUV）、智能手机和工业机器人同比分别增长 60.4%、18.6%和 17.7%。服务业增长持续快于制造业，旅游、文化、信息、现代物流等行业发展迅速。2015 年第三产业占比升至 50.5%，高出第二

产业占比 9.9 个百分点，对 GDP 贡献度提升。三是今年 1—2 月规模以上工业企业利润总额同比增长 4.8%，新增利润 355.4 亿元，改变了 2015 年全年利润下降的局面（2015 年利润下降 2.3%）。四是工业企业继续去库存，2014 年 8 月以来工业企业产品库存同比一路下滑，2015 年 12 月库存增幅降至 3.3%，2016 年 1—2 月继续降至 0.7%。目前世界经济复苏势头低于市场预期，国内经济仍继续趋缓，企业销售呈现下滑势头，部分商品供应过剩，去库存是 2016 年供给侧改革的一大任务，预计企业仍处于去库存过程。五是制造业 PMI 低迷，连续 7 个月低于荣枯分界线，2016 年 2 月降至 49%。非制造业 PMI 明显高于制造业，但 2 月也降至 52.7%，比 2015 年同期低 1.2 个百分点（见图 9）。

2. 消费需求增幅下降，新型消费业态发展迅猛

2016 年 1—2 月，社会消费品零售总额 52910 亿元，同比名义增长 10.2%，扣除价格因素实际增长 9.6%。与 2015 年同期相比，社会消费品零售总额名义增幅下跌 0.5 个百分点。主要原因是：（1）2015 年下半年以来，经济增长速度继续放缓，居民收入增幅也有所下降。2014 年全国居民人均可支配收入 20167 元，比 2013 年增长 10.1%

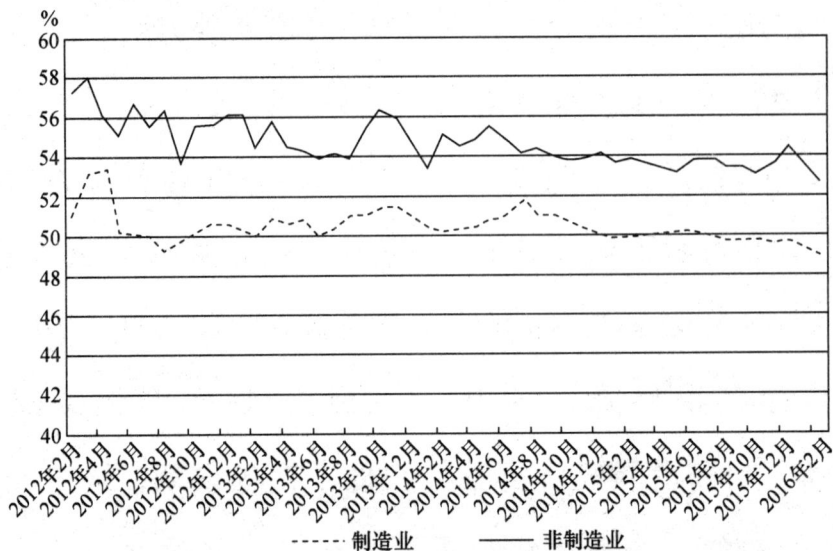

图9　制造业和非制造业的PMI

（扣除物价实际增长8%），增幅比2013年低0.8个百分点。2015年全年全国居民人均可支配收入21966元，比2014年增长8.9%，扣除价格因素实际增长7.4%，增幅比2014年低0.6个百分点。（2）1—2月，限额以上单位汽车、家用电器和音像器材类商品同比分别增长5.4%和7.9%，增速分别比2015年同期回落5.4个和4.5个百分点。据测算，此两类商品增速回落拉低社会消费品零售总额增速约0.7个百分点。（3）网上商品零售增速回落较大，其对社会消费品零售总额增长的拉动作用有所下降。2016年1—2月，全国网上零售额6361亿元，同比增长27.2%。

3. 投资增速企稳，投资结构改善

2016 年 1—2 月，全国固定资产投资（不含农户）累计同比名义增长 10.2%，与 2015 年第四季度持平（见图 10）。从环比速度上看，2 月固定资产投资（不含农户）增长 0.83%。但民间固定资产投资同比名义增长 6.9%，比 2015 年全年低 3.2 个百分点。民间固定资产投资占全国固定资产投资（不含农户）的比重为 61.6%。1—2 月全国房地产开发投资 9052 亿元，同比名义增长 3.0%，增速比 2015 年全年提高 2 个百分点。其中，住宅投资 6028 亿元，增长 1.8%，提高 1.4 个百分点。住宅投资占房地产开发投资的比重为 66.6%。在简政放权、放宽市场准入、加快投融资体制改革等一系列措施作用下，民间资本活力增强，

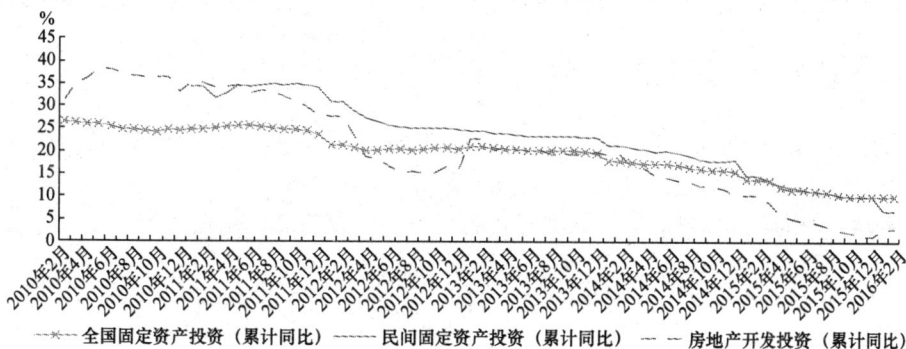

图 10　固定资产投资增速

资料来源：CEIC，下同。

服务业等领域投资增长较快。民间投资增长明显快于全国固定资产投资和房地产投资；服务业 PMI 快于制造业 PMI，也从侧面反映了服务业投资快于制造业投资，投资结构改善。

4. 外贸形势严峻，贸易顺差上升

2016 年 1—2 月合计，中国出口同比下降 13.1%（人民币计价），连续两个月大幅低于市场预期，比 2015 年下滑 15.3 个百分点。外需低迷和全球经济放缓有关，2016 年 2 月摩根大通全球制造业 PMI 下滑至 2012 年以来新低，中国对美、欧、日及新兴经济体市场出口全面下滑。其中美国为 −10.9%，欧盟为 −10.7%，日本为 −7.3%，东盟为 −20.4%。进口降幅收窄跟企业上游补库有关。铁矿、原油和铜等主要大宗商品进口量增加。前两个月，我国进口铁矿砂数量增加 6.4%，比上月扩大 1.8 个百分点；原油增加 9.3%，比上月扩大 13.9 个百分点；未锻轧铜及铜材 86 万吨，增加 23.3%，比上月扩大 18 个百分点。1—2 月大宗价格反弹，稳增长预期增强，企业库存积极回补。出口下滑和进口改善，导致衰退性贸易顺差收窄，流动性宽松。1—2 月累计贸易顺差 958.9 亿美元。考虑到中国经济下行压力仍大，预计衰退性顺差仍会维持高位。

5. 消费物价涨幅回升，生产部门通缩出现好转迹象

1—2 月，我国居民消费价格指数（CPI）同比分别上涨 1.8% 和 2.3%，涨幅分别比 2015 年同期高 1 个百分点和 0.9 个百分点。食品价格上涨是主要驱动因素，2 月食品价格上涨 7.3%，非食品价格上涨 1.0%。

工业生产者出厂价格指数受制造业产能过剩、工业生产减速、市场需求下降等因素影响，连续 48 个月呈现下跌态势，1 月和 2 月同比分别下降 5.3% 和 4.9%。2 月同比降幅分别比 2015 年同期高 0.1 个百分点，但与 2015 年 12 月相比，PPI 环比和同比降幅分别缩小 0.2 个百分点和 1.0 个百分点。环比降幅收窄的原因是部分工业行业出厂价格涨幅扩大或降幅缩小。其中，有色金属矿采选、黑色金属冶炼和压延加工价格环比分别上涨 1.2% 和 0.5%，涨幅比上个月分别扩大 0.6 个百分点和 0.4 个百分点；石油和天然气开采、煤炭开采和洗选、化学原料和化学制品制造价格环比分别下降 13.6%、0.8%、0.6%，降幅比上个月分别缩小 3.0 个百分点、0.7 个百分点、0.1 个百分点。

6. 就业形势总体稳定

2015 年年末城镇登记失业率为 4.05%，与第三季度持平；全年城镇新增就业 1312 万人。虽然经济增速有所回

落，但服务业发展较快，就业形势较好。

7. 金融条件趋向适度宽松

自 2015 年第四季度开始，人民银行推出了定向宽松、降息降准等措施，今年 1—2 月金融条件趋向适度宽松。一是政府工作报告将货币供应 M2 增长率调整为 13%，比 2015 年的实际增长率高 0.2 个百分点。二是继续降低存款准备金比率，3 月 1 日人民银行降低存款准备金率 0.5 个百分点。三是人民币汇率在可控制范围内适度贬值。四是信贷与货币增幅提高。1—2 月累计人民币贷款余额同比增长 14.7%，比 2015 年同期高 0.4 个百分点；M2 同比增长 13.3%，比 2015 年同期高 0.8 个百分点；累计新增社会融资总量 4.2 万亿元，比 2015 年同期提高 23.4%。五是利率基本平稳。2 月银行间市场同业拆借加权平均利率为 2.09%，比 2015 年第四季度略有上升。

8. 第一季度经济预测

由于第一季度经济增长受投资、工业回落冲击较大，充分考虑服务业加快增长的因素后，预计当季 GDP 增长 6.7% 左右，较 2015 年第四季度增速下滑 0.1 个百分点；居民消费价格温和上涨 2.2% 左右。

二 当前经济存在的主要问题

1. 区域性增长不平衡，部分地区出现"塌陷"现象

2015 年全国 GDP 增长 6.9%，其中辽宁、山西、黑龙江、吉林、河北 5 省经济增长速度低于全国平均增长速度，北京和上海经济增速与全国平均增速持平，其余 24 个省（直辖市、自治区）高于全国经济平均增长速度，中西部地区增长较快，重庆和西藏位居全国前列，达到 11%（见图 11）。辽宁和山西经济增长大幅下滑，2015 年 GDP 增速只有 3% 和 3.1%。这两个省 2015 年工业增加值分别下降 4.8% 和 2.8%，传统制造业和煤炭产业下滑是其经济增长减速的主要原因。

2. 房地产去库存任重道远

当前房地产市场还处于深度调整期。2015 年下半年以来全国房地产销售有所回暖，但各地反应冷热不均。一线城市房地产价格出现恐慌性上涨，二线城市房地产价格同比涨幅持续扩大，土地成交面积大幅增长，市场库存逐步消化。不过，除一线城市和部分二线城市，多数地方房地产销售回暖不明显，且待售面积仍快速增长，房地产库存

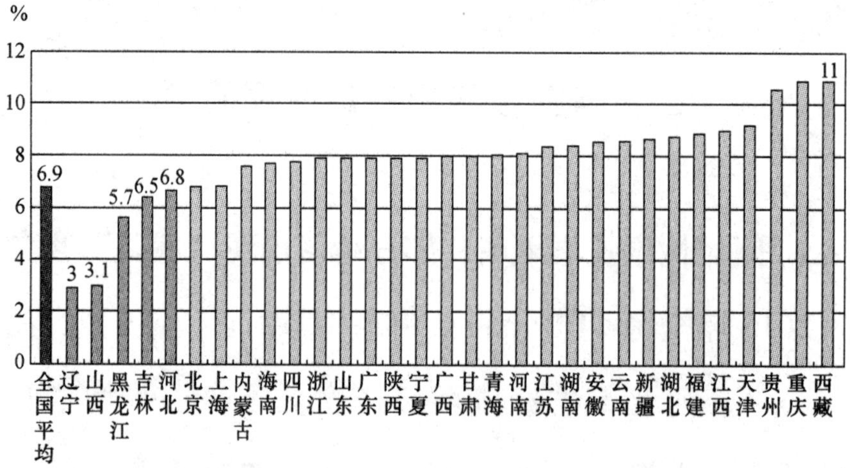

%

图 11　2015 年全国 31 个省（直辖市、自治区）GDP 增长排序

仍然高企。2015 年全年，全国商品房销售面积 128495 万平方米，比 2014 年增长 6.5%；年末待售面积为 71853 万平方米，同比增长 15.6%，待售面积增速明显高于销售面积增速。经济下行背景下，居民就业压力加大、收入涨幅趋缓（甚至净下降）也抑制了房地产市场需求，上海和深圳的房地产调控措施将抑制投机性购房需求。因此，未来房地产市场仍将处于调整期。

3. 货币政策刺激价格指标上涨

为了促进经济复苏，欧元区和日本继续实施负利率和量化宽松政策，美联储释放温和信息，美元加息预期走弱，导致美元走软，中国也加大适度宽松货币政策的实施力度，但宽松货币政策对于经济结构调整作用有限，反而刺激了资产价格和原材料价格以及消费物价的价格指标。一是在"资产慌"的背景下，宽松货币刺激房地产价格恐慌性上涨，加大房价泡沫和房地产风险。二是超发的货币天然地追逐供给弹性小需求弹性大的商品，导致大宗和周期品价格普涨，原油价格从底部的 30 美元左右升至 40 美元左右，3 月 24 日铁矿石平均价格比 2015 年年底上涨10% 左右。三是原材料价格上涨使生产者价格指数（PPI）跌幅有所缩小，加上食品价格上涨，导致 2016 年 1—2 月消费物价指数（CPI）同比涨幅分别为 1.8% 和 2.3%。考虑到产出缺口、严重产能过剩和需求不足将制约货币向PPI、CPI 的传导程度，超发货币对资产泡沫的影响程度将远远大于实体滞胀风险。产能过剩和房市泡沫等当前结构性和体制性问题难以通过货币宽松的总需求管理政策解决，结构性调整必须寄希望于供给侧结构性改革的有力推进。

4. 通过财政政策调结构的难度和压力增大

2016 年，预算收支明显下调，一般公共财政收入、基金收入、结转下降使得财政心有余而力不足。从收支结构来看，根据可统计的 31 个省级行政区财政局公告的《各省市 2015 年预算执行情况和 2016 年预算草案的报告》有效数据，2015 年执行中，加权的财政收入增速为 9.2%，财政支出增速为 6.6%；政府性基金收入增速为 -7.0%，政府性基金支出增速为 -14.1%。而 2015 年的预算中，加权的财政收入和财政支出增速分别为 8.3%、7.8%，政府性基金收入及政府性基金支出增速分别为 - 4.6%、-5.1%；执行和预算对比，一般预算财政收支高于预期，但政府性基金收支明显低于预期。总体来看，2016 年财政收支仍受制于经济增长放缓的压力，受经济下行压力加大和政策性减收增支因素增多的影响，随着经济增速放缓、工业生产者出厂价格指数（PPI）连续下降、推进化解产能过剩等，财政收入潜在增长率明显下降，税收收入与 GDP 的弹性系数会进一步降低，中低速增长将成为常态。支出方面，刚性增支因素有增无减，稳增长、调结构、促改革、惠民生、防风险等各方面增支需求很大，尤其是推进企业去产能、降成本，相关就业和社会保障支出压力加大，预算收支矛盾进一步凸显。2015 年年底的 16 万亿元地方政府债务还有超过 11 万亿元需要进行债务置换，如果未来两年到三年置换完，年均置换额为 4 万亿元到 5.5 万亿元。

5. 去产能需妥善处理职工下岗问题

经济下行压力加大对居民就业和收入的影响已经显现。尽管城镇新增就业、城镇登记失业率、调查失业率等指标总体稳定，但微观调研显示，企业用工需求持续下降，裁员面扩大；各地就业主管部门监测的企业在岗职工数量也持续下行，农民工返乡潮抬头。职工就业质量下降更加明显，隐性失业问题加剧，劳动者收入涨幅明显趋缓，部分劳动者收入净下降。未来居民就业压力将进一步上升。当前消费增长总体平稳，收入涨幅回落对消费的影响尚不明显。不过，如果就业压力持续加大、收入涨幅持续回落甚至净下降，对居民消费和投资（特别是房地产投资）的冲击终将逐步体现，对扩大消费需求和房地产去库存将带来不利影响。

三　2016 年第二季度经济形势预测

1. 投资增长可能略有回升

2016 年制约投资增长的因素主要包括：地方债务负担过大；房地产去库存、去过剩产能任务艰巨；产业升级缺乏新技术和盈利项目等。但也存在一些有利因素。一是财政政策加大力度，减税增支，财政赤字规模扩大，创新和完善地方政府举债融资机制，适当发行专项债券。二是无风险利率降低。中央银行实施松紧适度的货币政策，自2015年第四季度以来，已经实施降准措施，年内仍有可能降息降准；2016年继续扩大地方政府债务置换规模，有利于降低地方政府债务成本。三是全面实行"营改增"，减税5000亿元，扩大增值税进项税额抵扣范围，相当于降低融资成本，有利于刺激企业扩大投资。

先行指标土地购置和商品房新开工面积有所改善。2016年1—2月，房地产开发企业房屋施工面积同比增长5.9%，增速比2015年全年提高4.6个百分点。房屋新开工面积增长13.7%，而2015年下降14.0%。房屋竣工面积13942万平方米，增长28.9%，而2015年下降6.9%。房地产开发企业土地购置面积同比下降19.4%，降幅比2015年收窄12.3个百分点；土地成交价款705亿元，增长0.9%，而2015年下降23.9%。商品房销售面积同比增长28.2%，增速比2015年提高21.7个百分点。商品房销售额增长43.6%，增速比2015年提高29.2个百分点。

2016年1—2月累计固定资产投资施工项目数量和新开工项目数量分别比2015年增加23042个和15180个。

1—2 月新开工项目计划总投资额增长 41%。但到位资金同比增长仅 0.9%，其中，国家预算资金增长 10.9%；国内贷款增长 1.8%；自筹资金下降 3.1%；利用外资下降 34.2%；其他资金增长 15.5%。后期投资能否稳住并回升，重点需要解决到位资金不足问题。预计第二季度总投资增长 11.2%，房地产投资增速回升至 3.9% 左右。

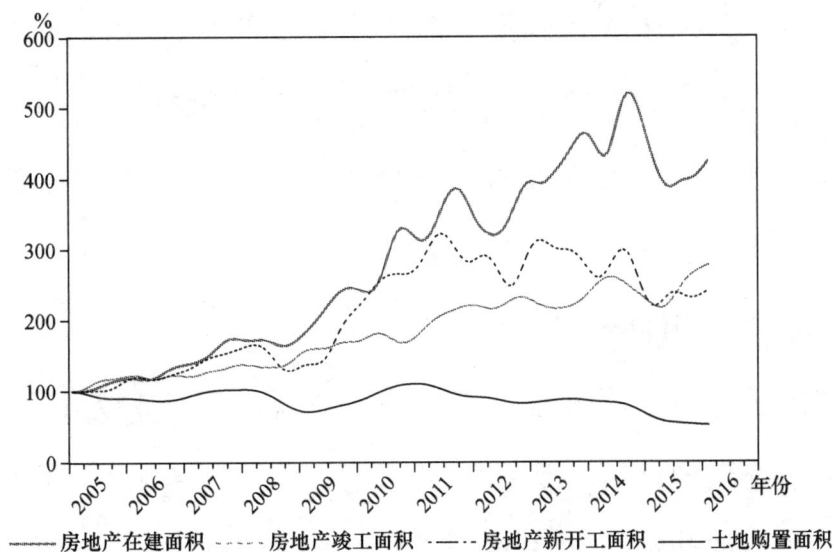

图 12　房地产新开工面积等指标的定基比

注：对各指标季节调整后，以 2005 年 1 月为基期（=100）计算出各指标的定基比。

资料来源：国家统计局，作者计算。

2. 消费增长基本平稳

社会保障水平不断提高，消费增长基础稳固；房地产市场销售上升；信息消费、网络消费等新领域、新业态、新模式快速发展，新的消费增长点正在逐步形成；交通、物流、仓储等消费配套环境继续完善，消费便利化程度提高；对于食品安全、商品质量违规行为打击力度加大，有利于增强社会消费者信心与意愿。但是，社会收入差距较大，网络消费增长速度明显下降，公共服务体系仍不完善等问题将对消费需求增长形成制约，经济增长下滑压力加大，人们对未来收入预期下降，会抑制当前及未来的消费增长。消费品价格增速放缓，某些消费品价格下降，对名义消费总额的增长具有压制。初步预计，第二季度社会消费品零售总额增长 10.3% 左右。

3. 外贸出口小幅回暖

由于全球复苏缓慢，人民币汇率保持基本稳定，国际市场争夺激烈，贸易保护主义压力不减，不存在出口大幅增长的外部环境。初步预计，第二季度出口增长 1.6% 左右。在国内经济平稳运行、大宗原材料价格上涨、工业和投资趋稳、企业补库存的影响下，预计第二季度进口增长 2.1% 左右。

4. 物价指数平稳

预计第二季度国际大宗商品稳中略降，制造业产能过剩，部分行业供过于求，企业存在去库存动因，工业品价格继续保持负增长；劳动者工资上涨速度减缓，劳动密集型服务业价格上升；农产品价格稳中趋降，猪肉等农副产品供需保持平稳，水、电、气等资源价格波动不大。消费者价格指数的翘尾因素影响高于 2015 年。2015 年物价上涨的翘尾因素各月平均值为 0.47%，2016 年 CPI 的翘尾因素各月平均值约为 0.64%，其中第一季度平均为 0.76%，第二季度平均为 1.04%。初步预计，第二季度工业品出厂价格下降 4.1% 左右，居民消费价格上涨 2.3% 左右。

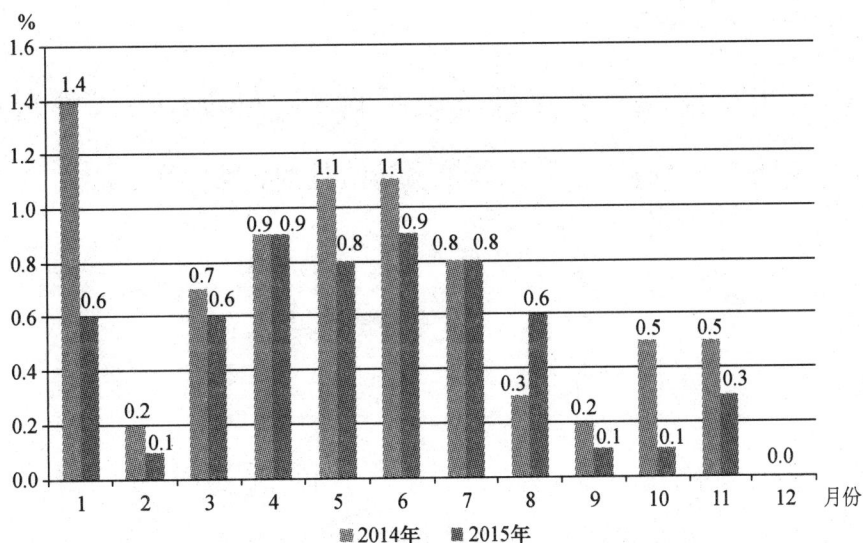

图 13　2014 年翘尾因素和 2015 年翘尾因素各月比较

5. 第二季度政策托底，经济运行平稳

部分先行指标好转、财政收支矛盾加大、房地产市场温和回暖，企业去库存继续进行，考虑 2015 年的基数效应后，经济增长平稳运行的可能性较大。政府加强重要基础设施工程建设，推动"营改增"等财税管理体系建设，实施有力的积极财政政策防止资金沉淀造成货币供应波动，松紧适度的货币政策还需继续降准降息，加大供给侧改革力度，破除束缚民间经济发展的体制壁垒，大力支持创新发展，对冲经济增长下行的风险，对于稳定宏观经济增长具有重要意义。预计第二季度经济基本企稳，GDP 增速保持在 6.8% 左右。

初步预计，上半年经济增长 6.8% 左右，居民消费价格上涨 2.3% 左右，位于全年预期的调控目标范围内。

四　政策建议

继续深化供给侧结构性改革，创新宏观调控方式方法，加大力度扩大国内需求，使经济运行保持在中高速增长的合理区间。

1. 加大力度推进供给侧改革，推动经济转型

供给侧改革为经济转型和中高速增长保驾护航。"十三五"规划提出了"创新、协调、绿色、开放、共享"五大发展理念，为经济转型和中高速增长提供了新思路。经济转型和中高速增长的根本落脚点，是提高全要素生产率。经济增长是由要素投入的数量和要素投入的效率共同决定的，经过 30 多年的长期增长，国际需求增幅放缓，人口红利逐渐消退，资源环境压力与日俱增，简单靠增加资本、劳动力和自然资源投入的粗放式增长的老路已经走不通了。必须在区域、产业、国企、财税、金融、民生、开放、人口管理等领域推出一批力度大、接地气的改革方案，才能通过供给侧改革促进经济转型，实现未来经济中高速增长。

2. 落实需求侧的补充措施，确保经济在中高速区间平稳增长

在五大理念的指引下，完成 2016 年"去产能、去库存、去杠杆、降成本、补短板"五大经济工作任务，其中"去产能、去库存、去杠杆、降成本"在一定程度上会削减总需求，必须从各方面统筹考虑，并在需求侧采取补充措施，以防止"三去一降"对总需求的负面冲击，确保经济在中高速区间平稳增长，推动供给侧改革顺利进行。

3. 财政货币政策相互配合，供需两端着力

在经济增长面临较大下行压力的条件下，为维持相对较高经济增长，政府需要从需求侧加大托底力度，同时按照五大发展理念的要求，结合"五大任务"，才能在较为宽松的环境中完成供给侧结构性改革。从财政政策看，一是"适当增加必要的财政支出和政府投资"；二是实行"减税政策"，降低企业成本和提高企业运营效率；三是"阶段性提高财政赤字率"。从货币政策看，一是在社会总需求仍然偏弱的大背景下，保持适度的货币供应增速；二是配合供给侧改革，为实体经济提供适宜的流动性，降低实体经济融资成本；三是配合结构性财政政策，为各项财政专项债券、地方政府债务、国债发行提供有利的利率环境，同时降低存量债务的压力；四是改革人民币汇率形成机制，防止人民币汇率竞争性贬值；五是在外汇储备和外汇占款规模下降的条件下，创新货币供应新渠道。总体上，货币金融政策需要在宏观审慎管理的框架下，实现稳定金融市场、经济增长和结构性改革的目标。

附表　中国 2016 年第二季度及上半年主要宏观经济指标预测

主要经济指标	2015 年全年统计值	2016 年第一季度预测值	2016 年第二季度预测值	2016 年上半年预测值
1. 生产者出厂价格（PPI）上涨率（同比,%）	-5.2	-5.0	-4.1	-4.5
2. 居民消费价格（CPI）上涨率（同比,%）	1.4	2.2	2.3	2.3
3. GDP 实际增长率（同比,%）	6.9	6.7	6.8	6.8
4. 社会消费品零售总额名义增长率（同比,%）	10.7	10.2	10.3	10.3
5. 全社会固定资产投资名义增长率（同比,%）	9.8	10.3	11.2	10.8
6. 房地产投资名义增长率（同比,%）	1.0	3.1	3.9	3.5
7. 出口总额名义增长率（同比,%）	-1.8	-2.3	1.6	1.1
8. 进口总额名义增长率（同比,%）	-13.2	-1.1	2.1	1.2
9. M2 货币余额（同比,%）	13.3	13.2	13.4	13.3
10. 信贷（同比,%）	14.3	14.3	14.5	14.4

专题一
2016 年第一季度财政形势分析与展望

蒋　震

进入 2016 年以来，我国整体宏观经济形势和财税形势继续延续了 2015 年的总体走势，基本保持了较为稳定的状态，但部分税收收入的增长趋势反映出局部矛盾，说明我国要在稳增长、促改革、调结构、惠民生等领域内继续发力。

一　关于 2016 年 1—2 月财政收入形势的分析①

2016 年 1—2 月，在宏观经济形势尚未出现新的显著

---

① 　如无特别说明，下文财税收支数据来源于财政部网站财政数据栏目"2016 年 1—2 月财政收支情况"、"2015 年 1—2 月财政收支情况"、"2015 年财政收支情况"。其他相关统计数据来源于国家统计局最新发布栏目。

增长点时，经济下行压力仍然较大，全国各级财政、税收、海关等部门依法加强征收管理，认真落实各项改革措施，从这个时期的财政收入形势来看，一般公共预算收入和政府性基金收入的增长与 2015 年基本保持平衡，延续了新常态的基本特点。

（一）一般公共预算收入

1. 一般公共预算收入总量

根据财政部公布的数据结果，2016 年 1—2 月累计，全国一般公共预算收入 27385 亿元，同比增长 6.3%。其中，中央一般公共预算收入 11765 亿元，同比增长 1.6%；地方一般公共预算本级收入 15620 亿元，同比增长 10%。全国一般公共预算收入中的税收收入 23867 亿元，同比增长 6.7%。总体而言，前两个月一般公共预算收入的增长趋势和特点主要有：

第一，2016 年前两个月的同比增长率要显著好于 2015 年同期水平。虽然这一结果延续了进入经济新常态以来财政收入增长的总体趋势，但要明显好于 2015 年同期增长率水平。例如，2015 年 1—2 月，全国一般公共预算收入同比增长率仅为 3.2%，显著低于 2016 年同期水平。又如，2015 年 1—2 月，全国税收收入同比增长率仅为 0.8%，也大大低于 2016 年同期水平。

第二，全国一般公共预算收入增长率与预期经济增长率基本保持一致。根据"2016 年政府工作报告"，2016 年发展的主要预期目标是国内生产总值增长 6.5%—7%，居民消费价格涨幅 3% 左右。从前两个月的财政收入来看，全国一般公共预算收入增长率与预期 GDP 增长率偏差并不大，财政收入的增长越来越与经济增长率保持在一致水平上。

第三，中央一般公共预算收入增长率大大低于地方一般公共预算收入增长率。出现这个特征的根本原因在于当前我国宏观经济形势的影响，特别是在多方政策发力的影响下，房地产等领域回暖，导致地方税收收入增长率较高，而受到工业领域产能过剩的影响，增值税、企业所得税收入的增长仍然处于较低水平，这影响了中央税收收入的增长。

2. 一般公共预算收入结构

2016 年 1—2 月，税收收入占全国一般公共预算收入中的比重为 87.15%，税收收入是一般公共财政收入的主体部分，本部分侧重对税收收入的结构进行分析，特别是各税种的增长情况分析。

第一，国内增值税。根据财政部公布的数据，2016 年 1—2 月，国内增值税 5907 亿元，同比增长 10.3%，剔除"营改增"转移收入影响后增长 8.5%。这个增长率要显著高于 2015 年的同期数据，2015 年 1—2 月，国内增值税同比增长仅为 2.2%，剔除"营改增"转移收入影响后则下降 0.6%。引发这种状况的主要原因在于：虽然，2016 年 1—2 月，规模以上工业增加值同比实际增长 5.4%，略低于 2015 年同期增长率 6.8%，而且，2016 年 1—2 月平均，工业生产者出厂价格同比下降 5.1%，略低于 2015 年同期的平均工业生产者出厂价格同比下降数 4.6%，但是由于 2016 年 1—2 月平均工业生产者购进价格同比下降 6.0%，略高于 2015 年同期的平均工业生产者出厂价格同比下降数 5.5%，导致减少了进项税额抵扣等，此外，由于 2015 年同期国内增值税收入较为乏力，甚至出现了负增长的情况，导致 2015 年同期的基数较低，因此，在规模以上工业增加值和工业生产者出厂价格比同期略降的同时，出现了增值税增长率提高的结果。

第二，国内消费税。2016 年 1—2 月，国内消费税 2273 亿元，同比增长 12.1%，大大高于 2015 年同期数据

（2.5%），但明显低于2015年的全年同比增长18.4%。引发这个现象的原因可以从社会消费品零售总额和全国居民消费价格总水平的变化趋势中看出端倪，据国家统计局数据显示，2016年1—2月，社会消费品零售总额中的商品零售总额同比名义增长10.2%，略低于2015年同期数据（10.7%），但2016年1—2月平均全国居民消费价格总水平比2015年同期上涨2.0%，显著高于2015年同期数据（1.1%）。此外，受到2015年提高成品油、卷烟消费税增收效果的影响，2015年消费税基数继续增加，也在一定程度上影响2016年以来的消费税增长率。

第三，营业税。据财政部公开数据，2016年1—2月，营业税3976亿元，同比增长6.5%，剔除"营改增"收入转移影响后增长8.9%，显著高于2015年上述口径的同期增长率4.9%和7.9%。究其原因，由于2015年以来，政府针对"去库存"连续出台了一系列政策，有力拉动了商品房销售市场的回暖，消费者购房意愿持续激发，据国家统计局公开数据，2016年1—2月，商品房销售面积11235万平方米，同比增长28.2%，增速比2015年全年提高21.7个百分点；销售额8577亿元，同比增长43.6%，增速比2015年全年提高29.2个百分点，带动了这个时期房地产营业税达到 1160 亿元，同比增长 20.2%。然而，由于受到股市低迷等因素的影响，金融业营业税却有了显著降幅，2016 年 1—2 月，金融业营业税 1078 亿元，同比增长 0.3%，大大低于 2015 年同期数据（20.5%）。

第四，企业所得税。据财政部公开数据，2016 年 1—2 月，企业所得税 5516 亿元，同比增长 4.9%，低于 2015 年同期数据（10%）。但从企业所得税增长的结构性特征来看，具有以下特点：一是工业企业所得税的降幅在收窄，说明工业企业效益在慢慢回升。2016 年 1—2 月，工业企业所得税 1564 亿元，同比下降 2.6%，而 2015 年同期数据为 3.3%，但工业企业的整体效益仍然没有止住下滑的趋势。二是金融业企业的效益降幅巨大。2016 年 1—2 月，金融业企业所得税 1224 亿元，同比下降 1.2%，而这一数据在 2015 年同期高达 33.7%。三是房地产业企业的效益增长十分明显。2016 年 1—2 月，房地产业企业所得税 652 亿元，同比增长 14%，而 2015 年同期数据为 8.2%。事实上，从企业所得税的结构变化趋势来看，与营业的增长反映的结构性趋势保持一致。

第五，个人所得税。2016 年前两个月，个人所得税收入增长率较高，同比高达 22.2%，不仅大大高于 2015 年同期数据（下降 7.1%），而且也高于 2015 年全年数据（16.8%），导致这种趋势的原因在于春节假期对于职工年终奖的个人所得税入库时间的影响。

第六，进出口领域相关税收。进出口领域的税收主要涉及关税、进口环节的增值税和消费税以及出口退税。从整体形势来看，进出口状况仍然没有较为明显的起色。2016 年 1—2 月，进口货物增值税、消费税 1584 亿元，同比下降 18.7%，显著高于 2015 年同期数据（9.7%），也显著高于 2015 年全年数据（13.2%）；2016 年关税降幅更是大大高于 2015 年同期降幅，2016 年 1—2 月关税 315 亿元，同比下降 22.9%，显著高于 2015 年同期数据（5.3%），也显著高于 2015 年全年数据（10.2%）。引发这种现象的主要原因仍然是国内经济增长放缓带来的影响，经济放缓导致国内对大宗商品进口的需求放缓，影响了其价格水平，价格水平跌幅较深，一般贸易进口显著下降。此外，从出口退税来看，2016 年 1—2 月出口退税 1843 亿元，同比下降 8.5%，大大低于 2015 年同期的同比增长 34.5%，这说明我国仍然受到世界主要经济体经济增长情况的影响，外需状况较为低迷。这也印证了商务部 2016 年 3 月 17 日召开的例行新闻发布会上提到的"出口跌幅较大"的判断。

第七，其他税种。其他税种收入的增长具有一定程度的趋势特征。由于受到政策的影响，有些税种的增长较快，例如，受到房地产形势的影响，相关税收增长较快。2016 年 1—2 月，契税 587 亿元，同比增长 8%；土地增值税 693 亿元，同比增长 15.4%，这两个税种扭转了同比下降的趋势。然而，受到宏观经济形势的影响，有些税种则有显著的降幅，例如受到股市低迷的影响，2016 年 1—2 月，证券交易印花税 247 亿元，同比下降 9.9%，大大低于 2015 年同期的同比增长数据。又如，由于工业领域产能过剩的影响，原油、煤炭价格显著下降，2016 年 1—2 月资源税 136 亿元，同比下降 24.8%。

（二）政府性基金收入

从政府性基金收入来看，2016 年前两个月的收入增长情况要大大好于 2015 年同期水平。2016 年 1—2 月累计，全国政府性基金收入 5698 亿元，而 2015 年同期则为 5756 亿元，2016 年比 2015 年有微降，两者基本持平。而 2015 年 1—2 月，政府性基金收入同比大幅下降 33.7%。

在所有类型的政府性基金收入中，国有土地使用权出让收入是一项具有鲜明特点的收入，一方面，它占据了政府性基金收入的绝大部分；另一方面，它本身能够反映宏观经济的状况。受到房地产市场回暖的影响，2016年1—2月，国有土地使用权出让收入4553亿元，与2015年同期持平，大大高于2015年同期下降36.2%的水平。这种结果也说明了由于受到政策的影响，房地产市场回暖也对土地需求，进而对国有土地使用权出让产生了促进作用，拉动了国有土地使用权出让收入的快速增长。

受到国有土地使用权出让收入增长的影响，地方政府性基金本级收入扭转了2015年同比大幅下降36.2%的趋势，2016年1—2月仅同比下降0.2%。而中央政府性基金收入增长率则与2015年同期基本持平。

二　关于2016年1—2月财政支出形势的分析

经济进入新常态，不仅标志着经济发展阶段的升级，更是经济增长模式的巨大转变，在这个思路的指导下，我们必须兼顾经济增长和经济结构转型，既要培育新增长动力，又要防范宏观经济风险，协调短期、中期和长期的目标，将供给侧和需求侧有机结合，走出当前的宏观经济困境。因此，2016 年延续了应对宏观经济下行的支出思路，在财政收支面临极大压力的形势下，各级政府按照党中央、国务院的要求，保持经济运行在合理区间，加强预算执行，保障经济建设、民生领域等重点支出。

（一）一般公共预算支出

据财政部公开数据，2016 年 1—2 月累计，全国一般公共预算支出 21170 亿元，同比增长 12%，高于 2015 年同期数据（10.5%），低于 2015 年全年数据（15.8%）。

从 2016 年 1—2 月的一般公共预算支出结构来看，财政支出用于稳定增长和保障民生的意图十分明显。支出增长大于支出总量增长的项目主要有：一是住房保障，同比增长 30.7%；二是医疗卫生与计划生育支出，同比增长 25.3%；三是科学技术支出，同比增长 21%；四是城乡社区支出，同比增长 20.6%；五是资源勘探信息等支出，同比增长 19.6%；六是社会保障和就业支出，同比增长 17.2%；七是教育支出，同比增长 15.9%。

总之，在经济下行之时，适度采取扩张性的支出政策，将成为应对宏观经济形势的重要内容，但是现在这个时期更需要精细化的财政支出措施，注重与供给侧管理相结合，提升财政支出在推动创新驱动、促进经济结构转型升级方面的作用。

（二）政府性基金支出

与政府性基金收入和 2015 年同比基本持平趋势相反的是，政府性基金支出呈现大幅下降的趋势。

2016 年 1—2 月累计，全国政府性基金支出 3477 亿元，同比下降 22.1%。中央政府性基金本级支出下降更大，同比下降 31.9%，原因是铁路建设基金支出同比减少；地方政府性基金支出同比下降 21.6%，其中，国有土地使用权出让收入安排的支出，同比下降 24.1%。

三　近期财政收支形势趋势分析

（一）对于财政收入形势的展望

第一，由于产能过剩的影响，工业企业的投资、利润增长仍然较为乏力，相关税收收入，特别是增值税、企业所得税的增长，仍然存在较多的不确定性。在促进经济增长由传统方式转向创新驱动的过程中，部分工业领域的产能过剩化解是一个绕不过的"坎",由于它涉及多方面的利益,预计这个问题得到最终稳妥解决需要一个比较长的过程,决定了这个领域的增值税收入和企业所得税收入仍会处于相对稳定的增长状态,这恰恰为我国税制改革提供了一个非常好的转变、优化税制结构的机遇。

第二,税制改革的深入推进,特别是"营改增",将会发挥显著的减税作用,对未来的税收收入增长产生明显影响。目前,一旦"营改增"在建筑业、房地产业、金融业、生活服务业全面推开,预计在"营改增"之后的短期内,减税可能会对税收收入增长产生明显的影响。但是,随着中长期减税作用的发挥,"营改增"将更会发挥税制的中性作用,激发市场活力,带动税收收入的快速增长。

第三,深入推进个人所得税综合与分类相结合的改革,将有助于提高个人所得税收入增长率。在推进"营改增"的同时,加快推进个人所得税等直接税改革,特别是推进个人所得税综合与分类相结合的改革,能够逐渐实现转变税制结构、提高直接税比重的目的,预计将会带动个人所得税收入较快增长。

第四,全球经济复苏仍然存在不确定性,意味着进出口形势仍然具有不确定性。虽然,中长期全球复苏趋势必然会加强，但短期内，受到各国经济运行形势的影响，仍然有着较多不确定性，必然会传导给我国，导致进出口形势受到一定程度的影响。例如我国经济下行会影响进口环节的增值税和消费税以及关税，国外对国内的需求下行会影响到出口关税和出口退税，等等。

第五，房地产形势的回暖会增加对土地的需求，对国有土地使用权收入产生影响，但这种趋势是否能够稳定持续，仍然存在一定的不确定性。受到多方政策的影响，近期房地产市场回暖，但我们仍要关注这种趋势能否作为一个长期、稳定的趋势，它对国有土地使用权出让收入的影响是非常显著的。

（二）对于财政支出形势的展望

未来一段时期，我们仍需要按照"十三五"规划纲要的思路，有效发挥财政的宏观调控作用，努力解决宏观经济运行中的各种问题。

第一，重点支持创新驱动。创新财政投入方式，将市场和财政支持有机结合，重点支持一些基础前沿、社会公益和共性关键技术的研究，同时利用政府采购的方式增加对创新产品的需求。

第二，继续挖掘财政投资空间，发挥投资在增长中的作用。继续挖掘中西部地区的一些投资增长点，按照公共服务均等化的原则增加对中西部地区的投资，有效实现社会和经济增长目标。

第三，增加对农业领域的投入力度。将农业发展和新型城镇化结合起来，通过财政构建、完善公共服务的手段，鼓励农民成为市场主体，融入全国统一市场体系，既能增加农民收入水平，又能促进农民聚集在小城镇，解决其后顾之忧。

第四，为了支持经济结构转型升级，解决化解产能过剩问题，以及应对人口结构变化，我们需要进一步加大这方面的民生保障力度。财政要适应化解产能过剩的形势，并在中长期完善应对人口老龄化的投入体系，从短、中、长期分别提出有效政策措施。

专题二
2016 年第一季度内贸
流通形势分析与展望

张　昊　依绍华

一　2016 年第一季度内贸流通形势分析

2016 年第一季度，我国内贸流通领域运行较为平稳，年节期间各类商品供给充足，价格波动维持在可以接受的范围内。为适应消费需求大众化、理性化的发展趋势，内贸流通领域的转型和调整仍在不断深入。在零售、餐饮等行业中，通过改进服务方式和产品组合来满足顾客需求，已成为企业获取竞争力的主要途径。电子商务的快速发展，改变了以往的竞争格局，线上与线下的融合进入实质化阶段。这不仅催生了新的消费模式，还给物流快递业的服务品质提出了更高的要求，并使得供应链效率提升和渠道整体实力的竞争成为行业的主题。总体而言，当前的内贸流通业虽然面临一定的下行压力，但正处于一个不断发现问题、迎接挑战，同时又因为持续的创新和探索而充满未知机会的时期。

（一）商品市场流通总体情况

2016 年 1—2 月，全国实现社会消费品零售总额 5.3 万亿元，同比名义增长 10.2%；扣除价格因素，实际增长 9.6%，有所下滑（见图 1）。其中，城镇消费品零售额 45303 亿元，同比名义增长 10.1%；乡村消费品零售额 7607 亿元，同比名义增长 10.9%，略高于城镇消费品零售额增长。春节黄金周期间，全国消费市场保持增长态势，零售和餐饮企业实现销售额约 7540 亿元，比 2015 年春节黄金周增长 11.2%，较 2015 年同期的名义增长率微升 0.2 个百分点，表明社会总体消费状况基本平稳。

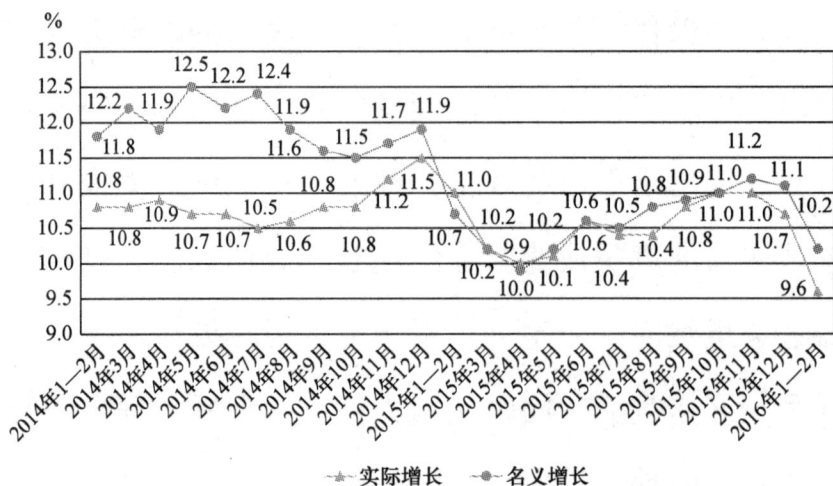

图1 社会消费品零售总额增长率变化（2014年1月—2016年2月）

资料来源：国家统计局。

从拉动消费增长的具体商品类别来看，其结构变化较为明显。根据限额以上单位的商品零售额数据，通信器材、家具、建筑装潢三大类商品的销售增长较快，1—2月同比增速分别达到20.1%、16.4%和14.9%。新兴通信产品消费增长是当前的一大亮点，据商务部监测的重点零售企业数据，4G手机销量同比增长46.6%。家具、建筑装潢类商品的增速较快，主要是受到前期房地产市场升温等因素的影响。与之形成对比的是，曾经作为年节期间消费热点的金银珠宝、烟酒类商品的同比增速分别为-1.5%和7.4%，体现出消费热点的变化。

自 2015 年年底至 2016 年年初，消费者信心指数保持在 104 左右（见图 2），与往年同期相比，该水平相对较低，表明对未来形势判断的预期指数也处于近年来的低位。

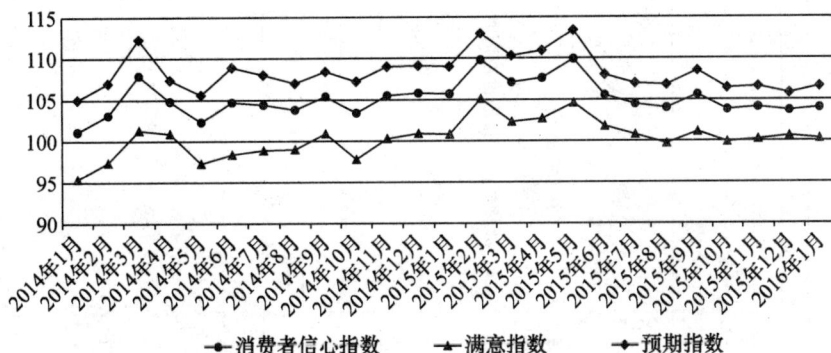

图 2 消费者信心指数变化趋势（2014 年 1 月—2016 年 1 月）

资料来源：国家统计局中国经济景气监测中心。

（二）内贸流通领域消费品价格情况

2016 年第一季度，主要消费品价格变化不一。农产品方面，鸡蛋价格在春节期间短暂上升后很快恢复，猪肉价格进入高位运行状态，粮油价格基本保持平稳。受需求、天气等因素影响，叶菜、瓜菜类蔬菜价格出现短时上涨较快的现象，目前仍处于相对较高水平（见图 3）。工业消费品方面，通信工具类产品价格下降 3.8%，其余类别价格涨跌不十分明显。

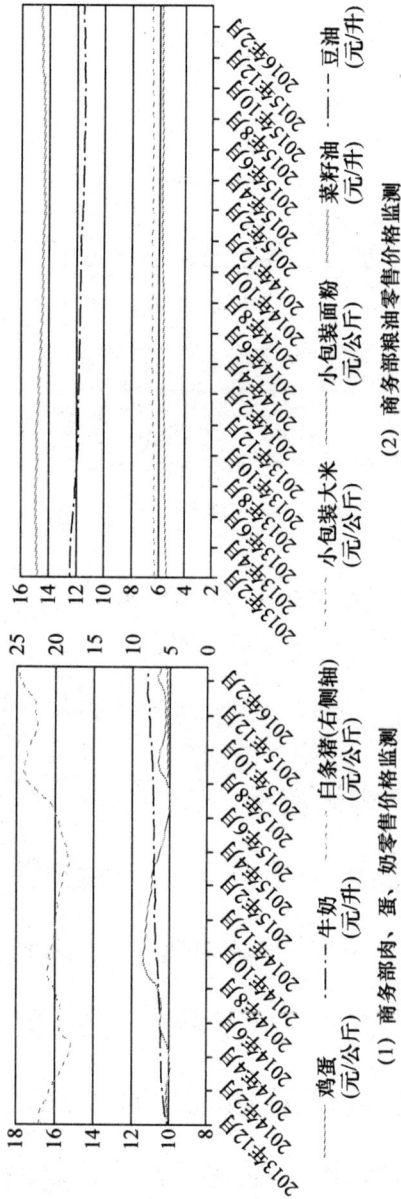

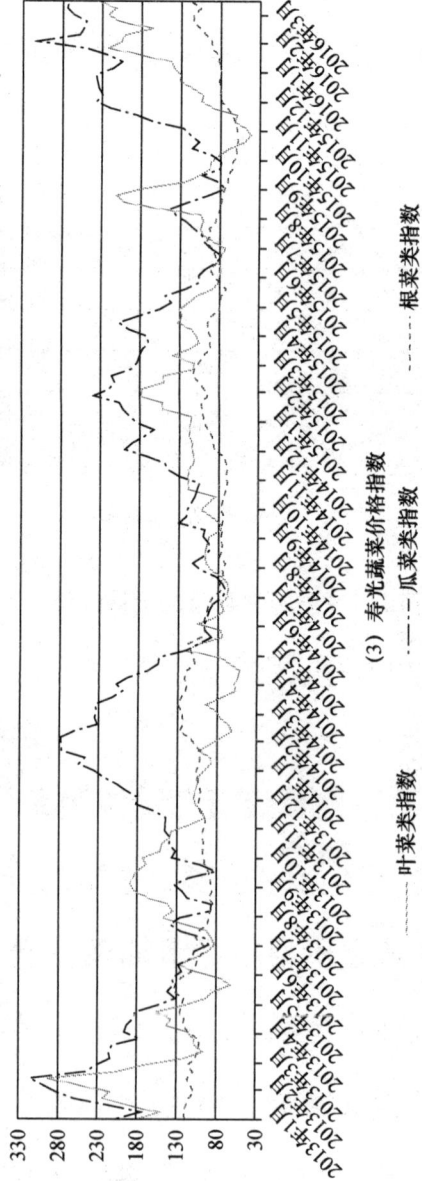

图 3 主要农产品价格变化趋势

资料来源：商务部官方网站，寿光蔬菜价格指数官方发布网站。

（三）主要流通行业运行情况

1. 零售业：模式创新引领转型方向

2016 年 1—2 月，社会消费品零售总额中的商品零售额为 47259 亿元，同比增长 10.1%，略低于总体增速。从规模结构上看，大型零售企业增速放缓的现象依然存在。商务部监测 5000 家重点零售企业销售额同比增长 3.3%，较 2015 年同期放缓 1.4 个百分点；中华全国商业信息中心监测的全国百家重点大型零售企业零售额累计下降 5.6%，降幅较 2015 年同期扩大 4.6 个百分点。拉动增长的主要力量仍然是网络零售。春节前夕，电商企业加入到了"年货"的销售竞争当中。阿里巴巴举办了首届"阿里年货节"，并依托公司与多地政府签订的合作备忘录设置了 500 万元的"网络交易诚信资金"。京东推出了大规模的促销活动，从腊八到春节都有不同的主题。亚马逊的年货促销则以"海外购"为特色，其选品总量已达到 800 万左右。1—2 月，全国网上零售额 6361 亿元，同比增长 27.2%；其中，实物商品网上零售额 5053 亿元，同比增长 25.4%。但相比 2015 年 30% 以上的增速，网络零售由高速增长进入稳定成长的阶段转换特征已经出现。

　　年节过后，零售企业纷纷布局全年的发展重点，跨境业务和农村市场是当前逐渐显现的两大重点领域。天猫在其公布的 2016 年跨境战略中提出，将发展跨境电商进口和一般贸易进口双通路作为帮助全球商家进入中国市场的主要途径；3 月底，"天猫海外直营"店铺在天猫国际平台登陆，一般贸易模式下的全球直供、海外直营、全渠道分销等经营方式正逐渐落地。沃尔玛则依托其"全球 e 购"APP 来为消费者提供覆盖全国的跨境电商服务。上线初期，该 APP 已经能够为顾客提供来自全球知名产地的 200 多种食品、保健品、护理化妆和母婴用品等，预计 2016 年年底将增至 500 种。农村市场是零售企业看重的另一个竞争焦点，并主要体现为电商企业的渗透。日前，京东物流实验室进行了一系列旨在通过无人机将商品从配送站传递至乡村推广员，进而解决农村电商最后一公里配送需求的测试实验。阿里巴巴集团则与国家发展改革委签署了与返乡创业试点相结合的农村电商战略合作协议，在未来三年为 300 多个试点县提供包括农村淘宝在内的电商项目落地支持。

　　对于实体零售商而言，门店选址、网点渗透、业态调整以及 O2O 模式运用等，仍然是目前转型发展与业务调整

的重点。沃尔玛一方面减少在合肥等地的门店，另一方面
又在内蒙古鄂尔多斯、湖北咸宁和云南宜良等二、三线城
市开新店；华润、全家宣布其便利店将进入北京地铁；银
泰百货在杭州下沙新开了工厂店；苏宁对旗下母婴品牌
"红孩子"的组织架构进行调整，成立与线上渠道相独立
的线下连锁公司。从实体零售的销售增速来看，百货、专
业店、超市等业态均有所回升。

此外，实体零售接入移动支付的做法在近期变得越来
越普遍化。1月，亚马逊中国、苏果超市等零售商接入了
微信支付。2月中下旬，苹果支付 Apple Pay 进入中国，香
港精品百货 Lane Crawford 很快宣布其在中国大陆市场的门
店接入苹果支付，上海大悦城也在第一时间引入该支付服
务，已有200余家商户能够支持。3月，麦德龙位于上海
的7家门店全线接入支付宝，全国其他地区也将陆续推
广。预计不久以后三星支付也将进入中国，移动支付或将
会成为新的竞争领域。

2. 餐饮业：多措并举带动行业回暖

2016 年 1—2 月，全国共实现餐饮收入 5651 亿元，
同比增长 11.3%，较 2015 年同期提高 0.1 个百分点，其
中限额以上单位 1411 亿元，同比增长 6.4%，较 2015 年

同期提高 1.3 个百分点（见图 4）。当前，大众餐饮已逐渐成为带动行业回暖的主要力量，而移动互联网技术的运用，以及餐饮企业通过精细化管理来提升运营水平，则是行业进一步发展的深层次动力来源。

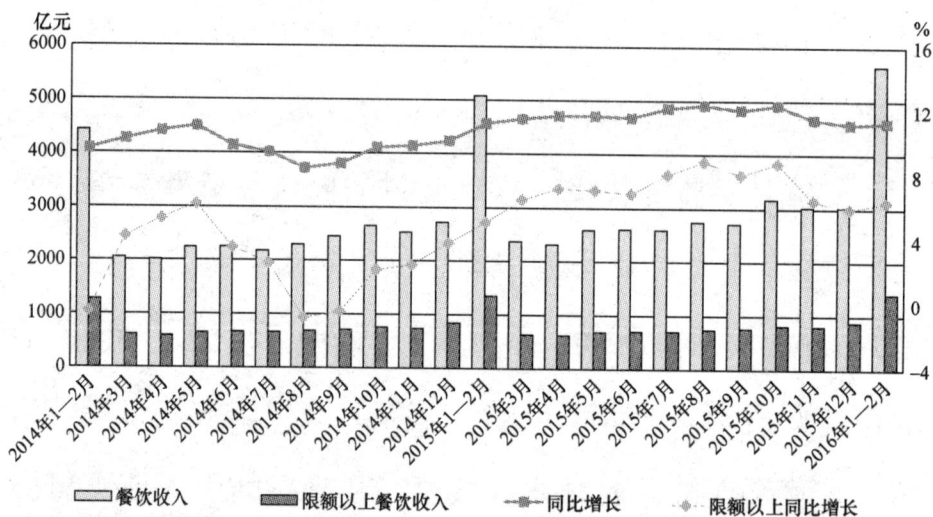

图 4　餐饮收入及增长情况（2014 年 1 月—2016 年 2 月）

资料来源：国家统计局。

　　春节前夕，许多餐饮企业推出的平价年夜饭预订受到青睐。减少高档菜、增加传统过年菜，是诸多餐饮企业采取的策略。同时，更为便利化的网上订餐方式逐渐被消费者所接受。除了"糯米网"、"美团网"等团购网站以外，以"大众点评"为代表的综合平台也成为餐馆实现网上订餐的有效媒介。据报道，北京、上海、陕西、甘肃等多地都出现了预订提前爆满的现象。餐饮企业的定位调整与交易平台的技术提升，使服务供给更加符合消费需求，这将是行业整体长期发展的动力和导向。

事实上，"互联网＋餐饮"已经催生了许多新兴的经营模式。从接入移动终端的外卖 O2O 平台，到致力于打造精致餐饮的"厨师上门"APP，再到以"家厨外卖"为主要表现的分享餐饮，这些近期出现的餐饮创新服务或消费理念都希望通过挖掘顾客的潜在需求来寻找发展空间。当然，这也对企业的服务质量管理和政府的食品安全监管提出了更高的要求。

此外，餐饮企业通过更加精细化、技术化的方式提升经营管理水平，也是降低成本、重新构建竞争能力的重要途径。从经营品种上看，打造"特色单品"的策略因为备料更为方便、制作更加专业等优势而被许多经营者所采用。也有企业将毛利率较高而售价较低的甜点、饮料等"轻餐饮"作为发展方向。在运营管理方面，移动终端与点菜、下单、支付、会员管理等相结合的智能化服务具有较好的发展前景。再者，为适应越来越高的质量安全要求，不少餐厅采取了开放后厨或实时监控等做法，建设

"中央厨房"也成为更多具有一定规模的连锁餐饮企业的现实选择。

3. 批发业：平稳运行支撑下游采购

2016 年第一季度，国内主要商品交易市场运行呈现出一定的季节特征，但交易活动总体平稳。具体来看，随着春节的到来，工艺品及日用品销售走强，永康五金市场和义乌小商品市场景气指数有所抬升；柯桥纺织品市场景气指数持续下滑，冬春换季是主要的影响因素。受年末交易量减少的影响，中关村电子信息产品景气指数在 1—2 月持续走弱，但进入 3 月后得到明显提升（见图 5）。

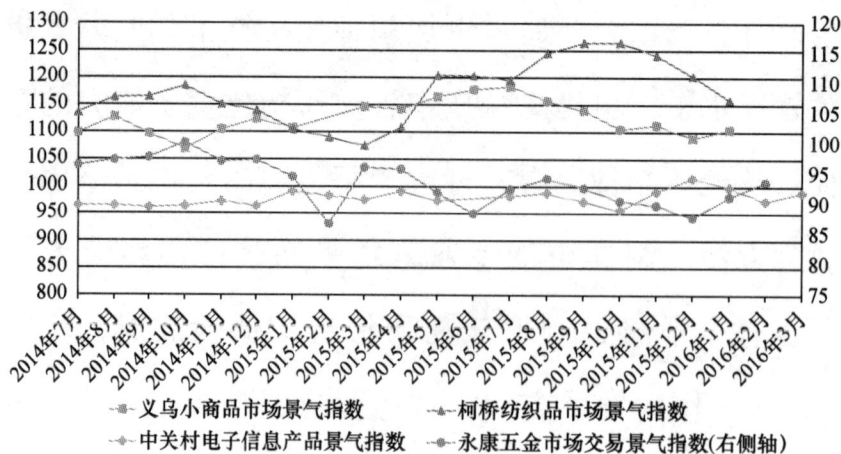

图 5　主要商品交易市场景气指数变化（2014 年 7 月—2016 年 3 月）

资料来源：各交易市场指数官方发布网站。

电子商务领域，"阿里指数"能够反映采购状况的运行特点。受春节期间快递派送暂停以及网店歇业等预期因素影响，日用百货、服装等商品的交易活跃度略有下降，2月达到低点，但进入3月以后明显回升。数码电脑类产品的销售则未受到明显影响，第一季度中的采购表现基本持平（见图6）。上述特点与2015年同期基本类似，并且2016年的市场恢复显得更为迅速，市场总体呈现活跃度逐渐提升的态势。

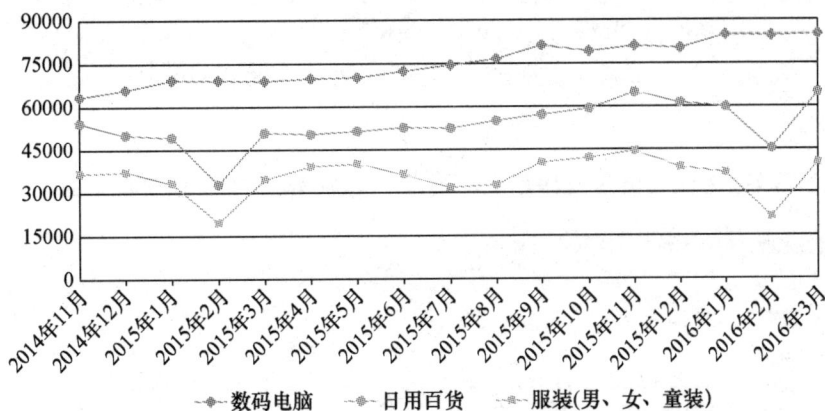

图6　部分类别商品的阿里淘宝采购指数变化（2014 年 11 月—2016 年 3 月）

资料来源：阿里指数官方发布网站。

4. 物流业：机遇与挑战并存

2016年第一季度，物流业运行受强降温带来的雨雪天气以及节日临近职工休假等因素影响而略有回落，但总体较为平稳。1—2月，物流景气指数分别为 53.3 和 50.0，仍处于枯荣线上方（见图 7）。从行业来看，与民生相关的农副产品、服装、化妆品和快递行业，业务量指数和新订单指数均在较高位运行，反映这些领域的物流活动仍较为活跃。年节期间，快递企业业务量虽有减少，但与 2015 年同期相比，仍有 50% 左右的增速（见图 8）。

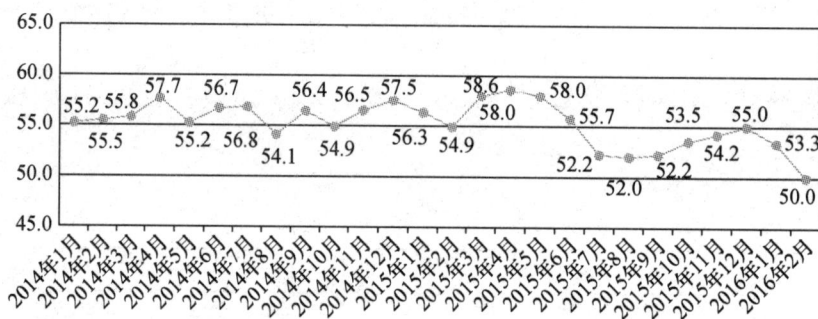

图 7   中国物流景气指数变动情况（2014 年 1 月—2016 年 2 月）

资料来源：中国物流与采购联合会官方网站。

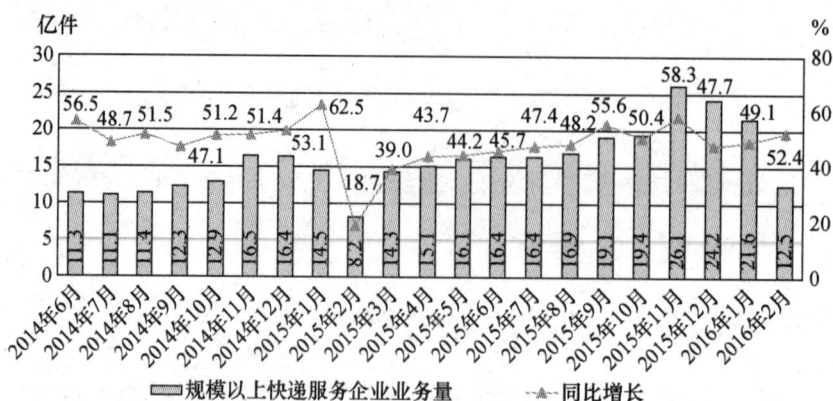

图 8   快递服务企业业务量情况（2014 年 6 月—2016 年 2 月）

资料来源：国家邮政局官方网站。

当前，物流业发展正处于机遇与挑战并存的发展关键期。一方面，国家支持物流业发展的政策频频出台。2016年中央一号文件就提出，要实施"快递下乡"工程，促进农村电子商务发展，加快完善县乡村物流体系。另一方面，行业整体增速有所放缓，效率提升面临诸多困难。突出地，快递业务量年平均增速降至50%以下，行业同质化竞争问题开始显现，利润空间缩水严重。抓住政策机遇，从经营水平提升与技术手段运用等方面切实提升行业总体实力，是物流业进入发展成熟期过程中的必要之举。

二　内贸流通发展热点展望

1. 行业转型过程创新活动活跃

流通行业为适应经济"新常态"而进行的经营调整已经从出现并发现问题逐渐进入到寻找症结和转型方向的新阶段。在这一时期，企业将为形成新的竞争优势而采取更加活跃的创新活动。例如，为了适应社区零售的服务需求，广州出现了集洗衣、快递和配送等多功能为一体的"互联网＋便利店"生活服务平台；在福建，既能满足日常所需，又可提供代购、送货服务的社区生活超市开业经营。阿里入主银泰百货之后，在杭州下沙开设了具有工厂店、大型折扣店、电商实体店等多业态特征的购物中心项目。这些突破和尝试所取得的效果如何，以及顾客因此能够享受怎样的便利化、优质化消费体验，都是值得期待的。

2. 现代技术手段与流通产业深度融合促进企业升级

竞争是促进企业经营水平提升的有效途径。过去的市场开放为产业发展引入了竞争效应，而当前供应链竞争的导向和满足消费者需求的目标将驱动企业自主运用现代技术提升经营水平。例如在零售领域，京东推出了旨在提升合作伙伴在商品采选、交易结算以及物流配送等方面能力的"开普勒项目"；苏宁易购一方面加大百货服装类品牌商户的引进力度，另一方面着手研究可以通过照片实现"量体裁衣"的智能定制衬衣技术。在餐饮行业，继朝阳大悦城利用移动交互技术"晒后厨"之后，因食品安全问题广受关注的"饿了么"也开始通过网络直播来为消费者提供监督其加盟餐厅后厨环境的机会，并已在旗下的"U味外卖"首先开启。

3. 规范流通新兴模式运行将成为政策的主要方向

对于流通领域出现的增长热点，政府将采取促进与规范相结合的方式引导其健康发展。跨境电商是 2016 年流通领域的一个工作重点，其试点范围进一步扩大，各地的跨境电商体验项目、示范园区也纷纷投入建设或运营。同时，更加明确、统一的跨境电商进口税收政策由试点地区推向全国，也将对行业发展产生重要影响，电子商务领域的规范化程度也将进一步提升。近期，商务部表示将在这一方面重点推进全国性立法、信用体系建设、执法协作、电商平台与监管部门信息共享和重点问题整治五项工作。

　　总的来看，虽然当前流通业运行过程中的不确定因素依然存在，但行业的转型调整本身就是将竞争压力转化为前进动力的过程，必须由"求快"转向"求稳"，再由"求好"实现"求进"。市场机制的作用、企业创新的活力以及政府部门的引导在其中发挥作用，能够使流通业在未来的发展中取得突破，形成经营形式更加丰富、竞争实力更加突出的行业格局，在提升制造业水平和满足消费者需求等方面发挥应有的作用。

专题三
2016 年第一季度进出口
形势分析与展望

夏先良

一 2015 年以来外贸进出口形势

2015 年全国货物进出口总额为 245849 亿元，比 2014 年同期收缩 7%。这个结果出乎预料，与年初国家预期目标差距较大。2016 年 1—2 月全国货物进出口总值为 33112 亿元，较 2015 年同期收缩 12.6%。2015 年以来外贸结构继续改善，外贸质量与效益持续提升，我国贸易地位和贸易利益继续得到巩固。

（一）2015 年外贸出现自 2009 年以来的首次出口、进口双收缩

2015 年全国货物出口总值为 14.1 万亿元，较 2014 年同期收缩 1.8%；2016 年 1—2 月累计出口 1.9 万亿元，较 2015 年同期收缩 13.1%。从月度出口走势来看，2015 年除了 2 月出口取得 48.7% 的高速增长和 6 月 0.8%、12 月 2.1% 的微幅增长之外，其余月份出口与 2014 年同期相比均呈现负增长，从 4 月开始降幅基本呈现持续收窄趋势（见图 1）。2016 年 1 月出口较 2015 年同期下降 6.6%，这个表现是市场需求低迷的结果；2 月出口降幅达到 20.6%，这个结果是 2015 年同期高增长的不正常反应。

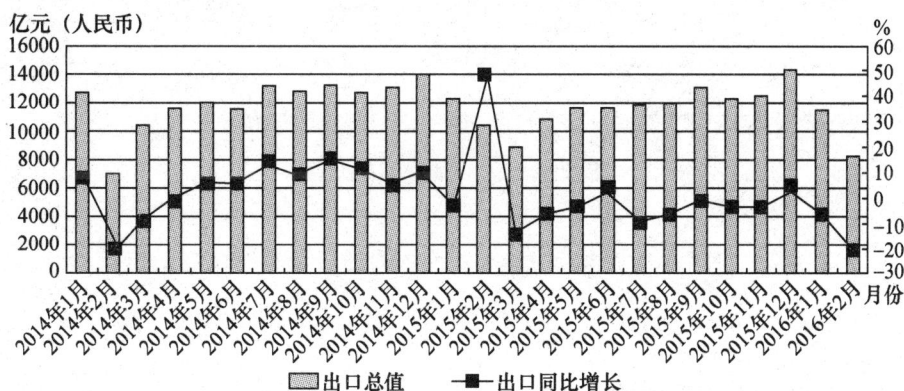

图 1　2014 年 1 月至 2016 年 2 月中国出口及其同比增长走势

资料来源：中国海关总署统计，http://www.customs.gov.cn/publish/portal0/tab49666/。

2015 年进口总值为 10.4 万亿元，比 2014 年同期下降 13.2%。2015 年全年各月份进口较 2014 年同期均呈现负增长，而且走势不稳定（见图 2）。2016 年 1—2 月累计进口 1.3 万亿元，比 2015 年同期下降 11.8%，其中 1 月进口 7375 亿元，比 2015 年同期下降 14.4%，2 月进口 6122 亿元，较 2015 年同期减少 8%，降幅比 1 月收窄。对 2016 年 1 月与 2 月进出口数字不好看不必担忧，其中有元旦、春节放假因素的明显影响。

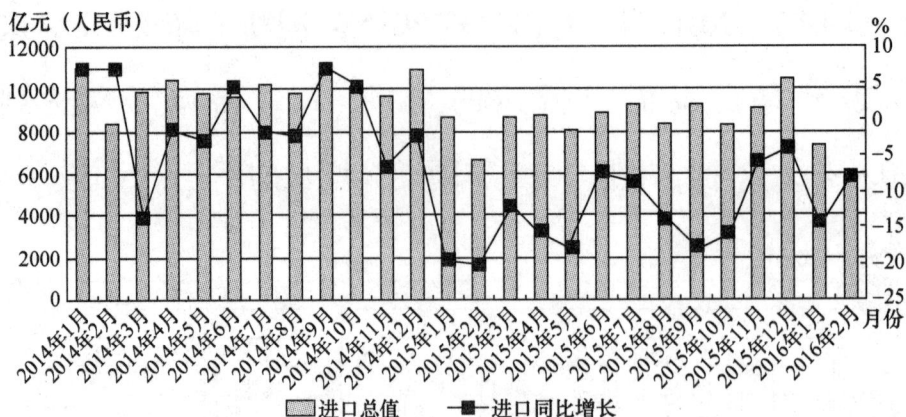

图2　2014 年 1 月至 2016 年 2 月中国进口及其同比增长走势

资料来源：中国海关总署统计，http://www.customs.gov.cn/publish/portal0/tab49666/。

总体上看，2015 年以来货物进出口贸易表现是国际金融危机所引起的 2009 年外贸出口、进口双收缩以来最糟糕的，出口、进口双失速出乎预料，反映了当前国际经济严峻的不景气形势。

（二）2015 年以来外贸顺差持续快速扩大不寻常

2015 年外贸顺差在 2014 年较大规模的基础上继续扩张，达到 36864.8 亿元，较 2014 年同期增长了 56.7%。在 1995 年至 2004 年的十年里，中国货物进出口贸易顺差额规模不大，增减幅度较小，相对平稳（见图 3）。2005—2008 年外贸顺差规模持续稳定增长，2009—2011 年外贸顺差规模出现连续下降，2012 年开始外贸顺差规模持续增长，尤其 2014 年和 2015 年外贸顺差增速迅猛。这种现象不太正常，也不可持续。

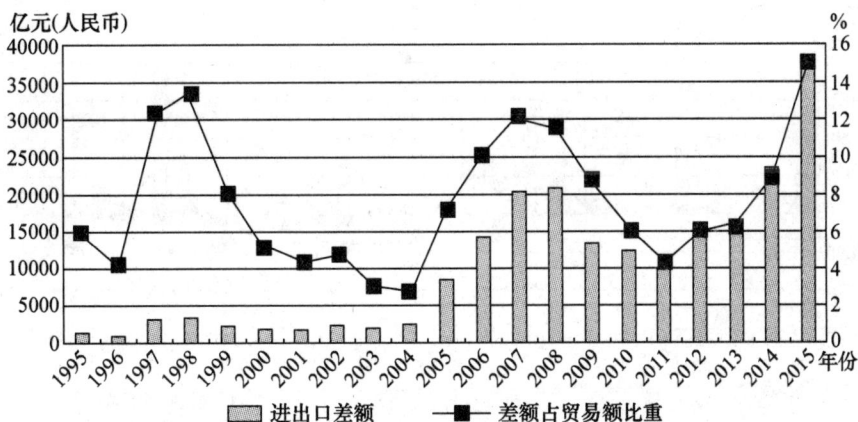

图 3　1995—2015 年货物贸易进出口差额及其占贸易额比重走势

资料来源：中国海关总署统计，http：//www.customs.gov.cn/publish/portal0/tab49666/。

在 1997—1998 年亚洲金融危机和 2007 年国际金融危机期间，中国外贸顺差额及其占贸易额比重都处于高峰，2015 年外贸失衡率再次达到了前所未有的15% 新峰值，意味着新一轮危机即将到来。贸易失衡率处于高位是经济与贸易危机前的信号。

从外贸出口、进口月度同比增长率走势中可以看出，2015 年除 3 月外，出口同比增长线均高于进口同比增长线，进口同比降幅比出口降幅或增幅绝对值都大，2016 年 1 月进口降幅仍超过出口降幅，2 月出现反转，出口降幅超过了进口降幅，表现为贸易差额规模大幅缩小（见图4）。

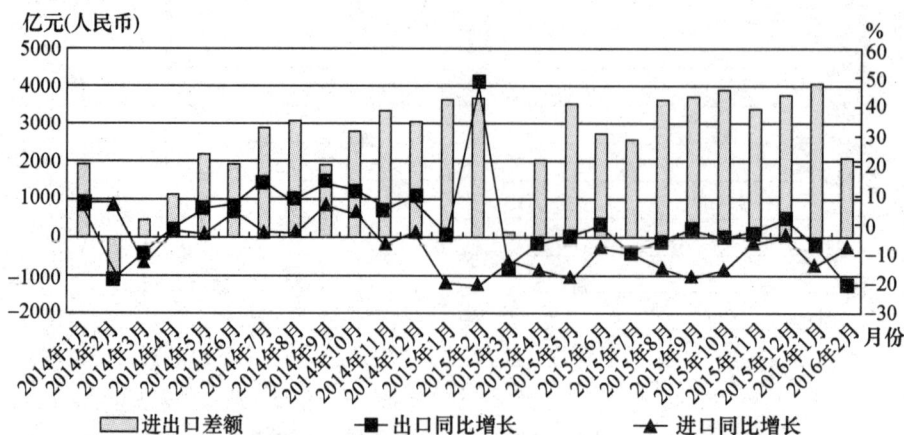

图 4　2014 年 1 月至 2016 年 2 月外贸月度差额及出口与进口同比增长走势

资料来源：中国海关总署统计，http://www.customs.gov.cn/publish/portal0/tab49666/。

中国进口商品90%以上属于生产资料，进口形势基本上可以看作贸易差额、经济景气走势的"晴雨表"。2016年3月，中国外贸进口同比增长率是否能继续好于出口同比增长率有待观察。如果未来数月进口能够跌幅收窄或保持一定的扩张，那么表明生产有恢复性趋势。尽管国际市场需求不景气，中国出口面临困难，但总体上出口形势略好于进口。未来数月内如果进口能够止跌回升，那么外贸形势就可能保持稳定，取得正的增长，外贸失衡会趋于减轻，翻过峰顶。

（三）2015年以来外贸结构继续优化

1. 外贸商品结构

2015年中国工业制成品占出口总额的96.9%，较2014年提高1.7个百分点，连续四年提高，出口商品结构继续优化。其中，机电产品仍是出口主打产品，出口81497亿元，较2014年增长1.2%，占出口总额的57.6%，比2014年提高1.7个百分点；高新技术产品出口40780亿元，同2014年同期增长0.5%，占出口总额的28.8%（比2014年增加0.6个百分点），体现出中国工业制成品在国际市场不景气形势下仍具有较强国际竞争力。7大类劳动密集型产品，包括纺织品、服装、箱包、鞋类、玩具、家具、塑料制品，出口2.93万亿元，同比下降1.7%，占出口总值的20.7%；其中，玩具、家具、箱包、塑料制品出口保持增长。

从农产品、原油、机电产品与高新技术产品四类产品月度出口走势来看，2014年以来四类产品出口贸易线走势变动基本类似，层次分明，机电产品出口线始终居于高位，高新技术产品出口线居于中间，农产品出口线略高于近乎于零的原油出口线（见图5）。2016年1—2月四类产品出口贸易与2015年同期的走势基本类似。

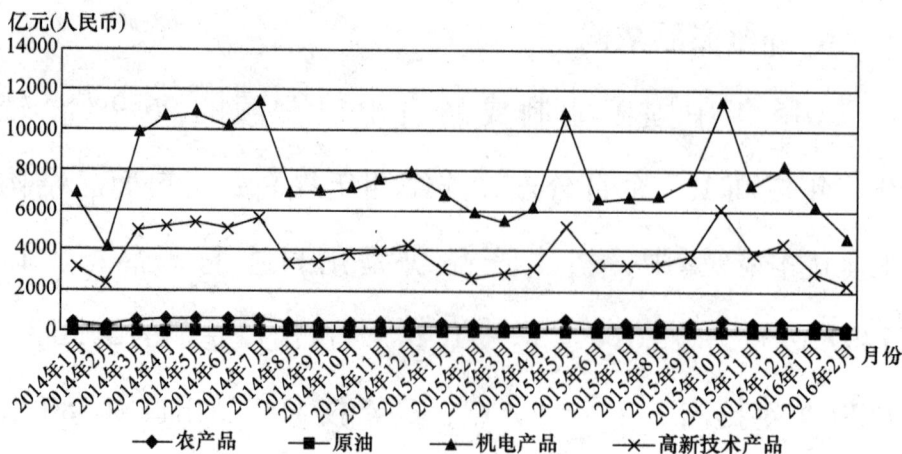

图5　2014年1月至2016年2月四类产品出口走势

资料来源：中国海关总署统计，http://www.customs.gov.cn/publish/portal0/tab49666/。

2015 年农产品进口 7194 亿元，比 2014 年降低 3.6%，占进口总额比重为 6.9%，较 2014 年增加 0.7 个百分点。原油进口 8332.7 亿元，比 2014 年进口 14015.2 亿元减少了 40.5%，占进口总额比重降到 8%。机电产品进口 50132 亿元，较 2014 年下降 4.5%，占进口总额比重为 48%。高新技术产品进口 34094.1 亿元，比 2014 年同期增加 0.7%，占进口总额比重为 32.6%。

从图 6 来看，由于原油国际价格下挫幅度较大，2015 年以来原油进口趋势线与农产品进口趋势线更加贴近，与 2014 年明显分离不同。机电产品进口线与高新技术产品进口线走势比较相似。2016 年 1—2 月累计农产品进口额 973

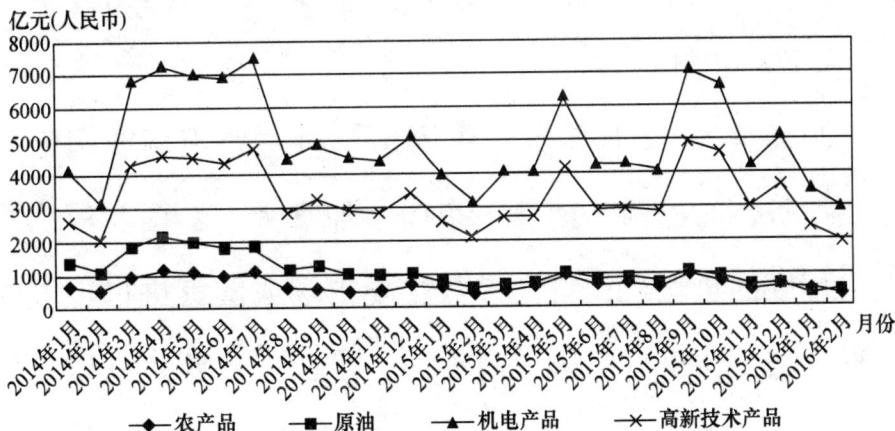

图6　2014 年 1 月至 2016 年 2 月四类产品进口走势

资料来源：中国海关总署统计，http://www.customs.gov.cn/publish/portal0/tab49666/。

亿元，超过原油进口额 968 亿元的规模，分别较 2015 年同期下降 8.2% 和 30.8%，而原油进口数量却增长 9.3%。机电产品和高新技术产品进口较 2015 年同期分别出现 8.7% 和 7.3% 的降幅。

2. 外贸市场结构

2015 年中国出口市场多元化取得一定进展，对"一带一路"沿线主要国家出口取得正的增长。其中对印度、泰国、越南出口分别增长 7.4%、11.7% 和 3.8%，对东盟出口同比增长 2.1%，对美国这个最大的传统出口市场取得 3.4% 的微幅增长。对欧盟、日本、中国香港地区的出口同比分别下降 4.0%、9.2%、8.7%。由于能源资源国际价格走低，对俄罗斯、巴西出口同比分别下降 35.2% 和 21.4%。

2016 年 1—2 月累计，中国出口对主要市场或国家均呈负增长，对巴西、南非、东盟、加拿大、新西兰等出现较大幅度的负增长；自大多数主要市场或国家进口也同时出现负增长，仅自中国香港地区、巴西、新西兰进口分别出现同比 89%、27.4%、9.9% 的正增长（见表 1）。

表1　　　　　　2016 年 1—2 月累计对主要国别

（地区）进出口增长情况

国别或地区	进出口总额（亿元）	进出口同比增长（%）	出口总额（亿元）	出口同比增长（%）	进口总额（亿元）	进口同比增长（%）
欧盟	5160.6	-9.7	3368.4	-10.7	1792.2	-7.7
美国	4711.4	-12.2	3525.9	-10.9	1185.4	-15.8
日本	2456.8	-6.7	1282.4	-7.3	1174.4	-6.2
加拿大	442.2	-13.3	253.8	-19.7	188.4	-2.8
澳大利亚	928	-19.9	384.7	-3.1	543.3	-28.7
韩国	2317.5	-9.7	841.7	-12.6	1475.8	-8
东盟	3987.3	-14.9	2384.3	-20.4	1603	-5
中国香港	2545	-5.2	2399.4	-8	145.6	89
中国台湾	1487	-10.3	360.9	-6.4	1126.1	-11.5
俄罗斯	591.7	-4.3	314.7	-3.5	277	-5.2
巴西	494.8	-17.2	187.3	-47.4	307.5	27.4
印度	691.3	-3.9	583.7	-0.3	107.6	-19.5
南非	301.7	-23.7	120.6	-33.4	181.1	-15.5
新西兰	127.3	-2.2	44.8	-18.8	82.5	9.9

资料来源：中国海关总署统计，http://www.customs.gov.cn/publish/portal0/tab49666/。

从 2015 年以来进口月度同比增长趋势线来看，似乎进口已经下滑到了谷底，进口降幅慢慢在收窄，预期未来数月会进入正增长的轨道，开始出现从一些资源型国家扩大进口额，展现出中国经济景气开始好转的曙光。但是以出口月度同比增长趋势线来看，中国向国际市场出口的需求仍在收缩，出口萎缩有恶化的趋势，这也说明世界经济形势可能在变坏，对中国经济形势好转不利。

3. 外贸方式结构

2015 年一般贸易进出口额为 13.29 万亿元，同比降低了 6.5%，占全国进出口总额的 54%，较 2014 年提高了 0.3 个百分点，连续三年提高；其中一般贸易出口额为 7.55 万亿元，同比增长 2.2%，占出口总额的 53.4%，比 2014 年同期提高 2 个百分点，一般贸易出口保持微幅增长成为拉动出口的主要力量；一般贸易进口额为 5.73 万亿元，同比降低 15.9%，占进口总额的 54.8%。

2015 年加工贸易进出口额为 7.74 万亿元，同比降低 10.6%，占全国进出口总额的 31.5%，比 2014 年同期下降 1.2 个百分点，其中加工贸易出口额为 4.95 万亿元。其他贸易额为 3.55 万亿元，占比为 14.4%，比 2014 年增加 0.8 个百分点。

2016 年前两个月三种贸易方式与 2014 年、2015 年同期的走势类似，一般贸易趋势线居于高位，加工贸易趋势线居于中间位置，其他贸易位置最低（见图 7）。前两月一般贸易进出口累计 1.87 万亿元，同比下降 12.9%，占进出口总额的 56.5%，较 2015 年同期下降 0.2 个百分点。

加工贸易进出口累计 0.98 万亿元，同比下降 15.5%，占进出口总额的 29.6%，比 2015 年同期下降 1 个百分点。其他贸易额为 0.46 万亿元，占进出口总额的 14%，比 2015 年同期提升 1.3 个百分点。

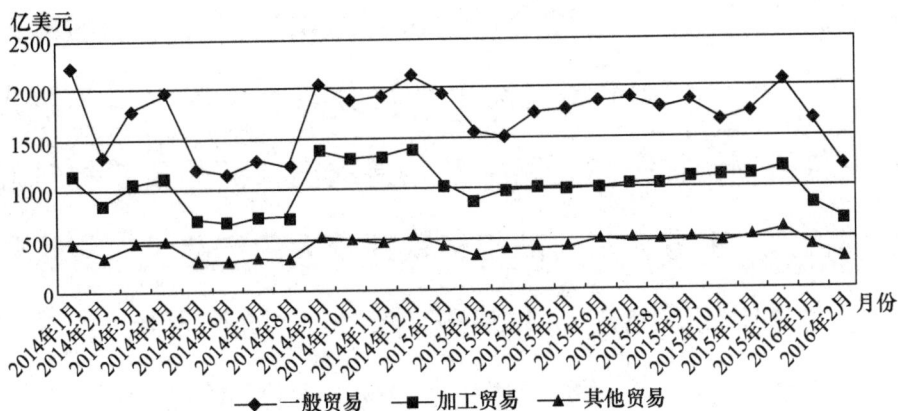

图 7　2014 年 1 月至 2016 年 2 月三种贸易方式走势

资料来源：中国海关总署统计，http://www.customs.gov.cn/publish/portal0/tab49666/。

（四）2015 年以来外贸质量效益继续提升

1. 2015 年以来贸易条件继续改善，外贸效益继续提升

据海关总署测算，2015 年中国出口价格总体下跌 1%，进口价格总体下跌 11.6%，出口价格总体跌幅明显小于进口价格总体跌幅，贸易价格条件指数由 2014 年的

102.7 大幅提升到 112.1，贸易条件明显改善，连续四年取得改善。

中国出口商品不仅结构有一定的改善，而且品质有稳定提升，总体出口价格虽有 1% 的下降，但有相当一部分产品价格出现上涨，而且保持较强的国际竞争力，在全球货物出口市场中不断提升市场份额，出口国际市场份额升至 13.4%，比 2014 年提高 1 个百分点。中国出口不再走过去价格倾销扩张的老路，开始追求出口商品质量提升和品牌价值。部分大宗商品价格跌幅较大的产品进口规模继续扩大，比如原油进口 3.35 亿吨，同比增长 8.8%；铁矿砂进口 9.53 亿吨，同比增长 2.2%；铜矿砂进口 0.13 亿吨，同比增长 12.6%；大豆进口 0.8 亿吨，同比增长 14.4%；液化石油气进口 0.32 亿吨，同比增长 17.8%。2015 年原油、塑料、大豆、天然气、纸浆、谷物、铜精矿等 10 类大宗商品进口量增价跌，合计进口减少付款约 1.2 万亿元，大幅降低了国内企业生产成本，改善了经济与外贸效益。中国外贸正走上不断提高外贸质量效益的新道路。

2. 2015 年跨境电子商务继续快速增长

据中国电子商务研究中心测算，2014 年跨境电子商务规模超过 4.2 万亿元，同比增长 33.3%，其中出口占比为 85.4%，进口占比为 14.6%；预计 2015 年跨境电子商务规模超过 5.4 万亿元，同比增速超过 30%。商务部预测 2016 年中国跨境电子商务进出口贸易额将达 6.5 万亿元。近年来，我国外贸发展方式和渠道日益多元化，成本更低、效率效益更高的跨境电子商务得到蓬勃发展，成为新的外贸增长点。这种新外贸发展方式迅猛发展，促进了外贸整体效益效率提升。

3. 外贸市场化和质量效益水平继续提升

外贸领域市场化配置资源的比重随着改革开放的深化而日益增加。总体而言，私营企业市场化水平和资源配置效率高于国有企业。2015 年国有企业出口额为 1.5 万亿元，同比下降 4.6%；外商投资企业出口额为 6.24 万亿元，同比下降 5.5%；私营企业出口额为 6.05 万亿元，同比增长 3.2%。国有企业进口额为 2.53 万亿元，同比下降 16.1%；外商投资企业进口额为 5.15 万亿元，同比下降 7.7%；私营企业进口额为 2.56 万亿元，同比下降 6.9%，相对总体进口下降 13.2% 来说，私营企业进口所占份额仍在上升。私营企业在外贸进出口中所占比重增加表明外贸质量效益的提升。

二　2016 年外贸发展形势展望

1. 世界主要经济体喜忧参半，对外贸影响基本是"中性"

2015 年世界主要经济体喜忧参半。2015 年中国在异常复杂的国际国内形势下取得了 6.9% 的 GDP 增长速度，非常不容易。2015 年中国外贸出现较为严重的失速失衡问题，主要是国际政治经济形势恶化的结果，国内落实"四个全面"以及经济处于"三期叠加"的新常态因素对外贸有一定影响，但不是主要因素。中国经济稳定向好的基本面没有变，预计 2016 年 GDP 增长速度将在 6.5%—7% 之间。

据美国商务部经济分析局统计显示，2015 年美国第一至第四季度 GDP 增速分别为 0.6%、3.9%、2% 和 1%，全年美国 GDP 增长 2.4%。其中美国第一至第四季度货物与服务出口分别增长 -6%、5.1%、0.7%、-2.7%，全年出口增长 1.1%；货物与服务进口分别增长 7.1%、3%、2.3%、-0.6%，全年进口增长 4.9%。2015 年欧盟（28国）比 2014 年实际 GDP 增长 1.9%。2015 年第四季度印度 GDP 增长 7.3%，印度年度 GDP 增长将达到 7.6%，印度成为大型经济体中增长最快的国家。东盟 10 国取得不同水平的经济增长。2015 年全年韩国 GDP 增速为 2.6%，创三年来新低。2015 年第四季度日本实际 GDP 增长率按照年率换算下滑 1.4%，全年实际 GDP 仅增长 0.4%。

受能源资源国际价格下跌影响，中东地区、俄罗斯、巴西等资源输出国经济遭遇前所未有的萎缩。2015 年沙特阿拉伯按当前价格计算名义 GDP 为 24495.72 亿里亚尔，同比下降 13.3%；按 2010 年价格计算，实际 GDP 为 25175.68 亿里亚尔，同比增长 3.4%；GDP 平减指数同比下降 16.2%。据俄罗斯联邦统计局数据，2015 年俄罗斯 GDP 比 2014 年下降了 3.7%，是 2009 年俄罗斯经济同比下滑 7.9% 以来的最严重萎缩。近年来，巴西经济一团糟，不到四年巴西货币雷亚尔贬值 50%，2015 年巴西 GDP 同比下降了 3.8%，国际货币基金组织预估 2016 年巴西经济将再收缩 3.5%。

2. 2016 年外贸低速增长可能性较大

2016 年外贸领域政府工作目标是进出口回稳向好。这不是一个具体数字目标，而是一个要求目标。它要求 2016 年进出口贸易不能像 2015 年那样继续恶化，要恢复稳定，并且要比 2015 年有所好转。

2016 年前两个月外贸表现与往年类似，都受到元旦、春节放假因素的影响，外贸失速加重不意味全年走势会糟糕。2015 年春节假期自 2 月 19 日开始，不仅影响 2 月外贸，而且还延续影响到 3 月外贸表现。2016 年春节假期自 2 月 8 日开始，春节放假因素对外贸影响主要发生在 2 月，3 月外贸应不受影响，会表现出增长态势。每年大体上从 3 月开始外贸都会出现恢复性增长。

估计 2016 年石油等大宗能源资源国际价格进一步下探的可能性较小，工业品出口商品国际价格总体仍将微幅下跌，全球通货紧缩局面难以短期内改变。虽然国际需求明显增长的来源不明确，但中国产品技术创新和品质提升明显，预计在国内政策措施推动下 2016 年出口会取得 3%—5% 的小幅增长，外贸进口金额规模由价格因素引起的下降影响会减弱，国内生产与生活的进口需求会持续增长，变化的是进口结构在不断调整，预计全年进口金额大体与 2015 年持平，保持进口回稳。

专题四
2016 年第一季度服务业
形势分析与展望

夏杰长　王海成

一　当前服务业发展形势

（一）服务业发展继续快于工业

近期金融和房地产业保持较快增长，有力支撑服务业发展。2016 年以来，作为第一大产业的服务业继续保持良好发展势头。1—2 月，服务业生产指数初值同比增长 8.1%，增速比 2015 年 12 月加快 0.5 个百分点，比 2015

年同期加快 0.7 个百分点。与此同时，受传统行业比重大、产能过剩问题突出影响，工业生产稳中略缓。1—2月，规模以上工业增加值同比增长 5.4%，增速比 2015 年12 月回落 0.5 个百分点。服务业增长比规模以上工业快2.7 个百分点，这意味着服务业比重继续提升，产业结构继续优化。

（二）服务业固定资产投资增长较快

1—2 月，第一产业投资 744 亿元，同比增长 34.3%。第二产业投资 14087 亿元，同比增长 7.9%，其中工业投资 13774 亿元，同比增长 7.1%（其中，采矿业投资 390亿元，下降 29.5%；制造业投资 11663 亿元，增长 7.5%；电力、热力、燃气及水生产和供应业投资 1720 亿元，增长 18.5%）。第三产业投资 23177 亿元，增长 11.1%，增速比全部投资快 0.9 个百分点，占全部投资比重为61.0%，比 2015 年同期提高 0.5 个百分点；基础设施（不含电力）投资 6531 亿元，同比增长 15%（其中，水利管理业投资增长 24.7%；公共设施管理业投资增长 26.5%；道路运输业投资增长 6.8%；铁路运输业投资下降 13%）。

（三）"互联网＋"带动相关行业发展方兴未艾

在物联网、云计算、大数据等现代信息技术的推动下，我国服务业的技术、管理、商业模式创新层出不穷。越来越多传统产业的企业开始线上线下互动融合，一些甚至转型成为供应链集成服务平台，整合标准化的服务要素和资源，形成了丰富多样的"互联网＋"跨界合作模式。同时，随着产业转型升级和居民消费升级步伐的加快，许多新的服务供给应运而生，推动了网购、快递、节能环保、健康服务等新兴行业以及地理信息、互联网金融等新兴业态的兴起和快速成长。1—2 月我国网上零售交易为636.1 亿元，累计同比增长 27.2%，其中商品 505.3 亿元，服务业 130.8 亿元。其中，网上商品零售额增长 25.4%，增速比社会消费品零售总额高 15.2 个百分点。网络购物带动快递业务迅猛增长。1—2 月，全国预计完成快递业务量同比增长 45.8%。信息消费成倍增长，1 月移动互联网接入流量同比增长 120.9%。

（四）服务外包继续保持较快增长

1—2 月，中国企业签订的服务外包合同中离岸服务外包合同金额 755.4 亿元，执行金额 527.3 亿元，分别同比增长 28.5% 和 5.2%。2 月当月，离岸服务外包合同金额 319.8 亿元，执行金额 267.4 亿元，分别同比增长 17.1% 和 40.6%。业务流程外包增速加快，占比提升。1—2 月，中国企业承接离岸信息技术外包、业务流程外包和知识流程外包执行金额分别为 269.1 亿元、85.1 亿元和 173.1 亿元，同比分别增长 -2.5%、41.4% 和 4.9%，占比分别为 51%、16.1% 和 32.8%。业务流程外包增速加快的主要原因在于数据处理、呼叫中心和供应链管理服务快速增长，带动业务流程外包占比提高 4.1 个百分点。

（五）服务业实际吸收外资继续增长，结构进一步优化

1—2 月，服务业实际使用外资 891.6 亿元（折 142.1 亿美元），同比增长 5.7%，在全国总量中的比重为 62.8%。其中，高技术服务业保持增长，实际使用外资 159.1 亿元（折 25.2 亿美元），同比增长 156.6%，占（扣除房地产业）服务业实际使用外资总量的 22.5%。在高技术服务业中，数字内容及相关服务、信息技术服务、研发与设计服务实际使用外资增长较快，分别为 51.8 亿元（折 8.3 亿美元）、46.6 亿元（折 7.2 亿美元）、30.6

亿元（折 4.9 亿美元），同比分别增长 538.9%、134.4% 和 68.8%。

（六）就业吸纳能力仍需进一步增强

2016 年 2 月，中国非制造业 PMI 服务业从业人员指数 为 48.6%，环比上升 0.1 个百分点，连续 20 多个月位于 荣枯线之下。分行业来看，建筑业从业人员指数为 50.4%；20 个行业中，航空运输业、土木工程建筑业、金 融业和建筑安装装饰及其他建筑业等 6 个行业高于 50%； 装卸搬运及仓储业、住宿业、居民服务及修理业、房地产 业和房屋建筑业等 14 个行业低于 50%。2016 年，随着钢 铁、煤炭去产能、企业破产重组加快，尤其是一些资源 型、装备制造型和压缩产能任务较重地区失业率相对较 高。2015 年东北地区的省会城市平均失业率在 7% 左右， 高出全国平均水平 2 个百分点左右。这固然与人们的就业 观念有关，更与其经济结构比较单一，偏重于资源型、装 备制造型有关。因此，要实施更加积极的就业政策，充分 释放服务业吸收劳动力的潜力，增加就业岗位，保持社会 稳定。

（七）服务贸易逆差依然较大，对外开放水平有待进一步提高

2016 年 1—2 月，我国国际收支口径的国际货物和服务贸易收入 20934 亿元，支出 17994 亿元，顺差 2938 亿元。其中，货物贸易收入 19149 亿元，支出 12810 亿元，顺差 5339 亿元；服务贸易收入 2785 亿元，支出 5185 亿元，逆差 2400 亿元。旅游服务贸易依然是最大的逆差来源，其中 1 月的旅游服务逆差额就达到 2373 亿元。运输、保险和养老服务、知识产权使用继续保持逆差，仅有加工服务、维护和维修服务、咨询、建筑、电信、计算机和信息服务及其他商业服务连续保持着贸易顺差。

二　我国服务业发展的外部形势、趋势与战略思路

（一）外部形势

1. 财政支出增速继续攀升

根据财政部公布的数据，2016 年 1—2 月累计，一般公共预算收入同比增长 6.3%，增速较 2015 年 12 月降低

7.9 个百分点。1—2 月公共预算支出同比增长 12.0%，较 2015 年 12 月 0.8% 的增速回升 11.2 个百分点。2016 年前两个月财政盈余同比减少 636.4 亿元至 6215 亿元。2015 年 12 月移动平均财政赤字占 GDP 的比例达 3.6%，赤字水平继续扩大。而 2 月财政存款减少 1690 亿元，同比增加 3015 亿元。总的来看，积极财政政策持续发力，发挥重要稳增长作用。5 月将全面推广的"营改增"改革将产生显著的减税效应，年减税规模估计在 6000 亿元以上。而更为重要的是，政府工作报告显示决策层对地方政府融资平台融资行为由限制转为支持，地方政府债务持续扩张将带动信贷社会融资继续加速投放，改善基建投资资金面，推动基建投资增速改善，带动经济企稳回升。

2. 中国将继续采取稳健略偏宽松、灵活适度的货币政策

为保证合理充裕的流动性供应，中国将继续采取稳健略偏宽松、灵活适度的货币政策。周小川表示，货币政策现在比较注重强调经济有下行压力，面临的困难和挑战比较多，"稳健的货币政策略偏宽松"是符合 2015 年后半年到现在实际情况的表述。但是，他强调未来会保持稳健货币政策，没有必要采用过度的货币政策刺激。2016 年中央政府制定的 M2 和社会融资余额的增速目标为 13%。我们预期央行将继续通过公开市场操作、降低存款准备金率和新型再融资工具来推动贷款和其他融资供应适度增长；但由于消费者价格指数开始回升和短期内稳定人民币汇率的压力，贷存款基准利率进一步下调的可能性在下降。

3. 政府工作报告强调提升服务业地位

2016 年的政府工作报告中，"服务业"是使用频率最高的经济学词汇，总共达到 14 次。提出"促进生产性、生活性服务业加快发展"、"加快现代服务业发展。启动新一轮国家服务业综合改革试点，实施高技术服务业创新工程，大力发展数字创意产业。放宽市场准入，提高生产性服务业专业化、生活性服务业精细化水平"、"继续放宽投资准入，扩大服务业和一般制造业开放"。这些论述对于促进服务业发展尤其是服务业从业者的信心具有重要意义。

（二）趋势分析

随着财政政策和货币政策的进一步落地、新一轮服务业综合改革的启动以及各服务业领域改革政策落地实施，我国服务业有望继续保持较快增长速度。预计 2016 年我国服务业增长速度高于 GDP 2.5 个百分点左右，即增速有望达到 8.7% 左右；服务业增加值占 GDP 比重可能突破 51.5%；劳动就业主渠道作用更加凸显，服务业劳动就业的占比有望突破 43%；服务业利用外资可能步入中低速增长阶段，但在全部实际利用外资比重上仍有提高的空间，有望占全部外资的 64% 左右；服务贸易依然是我国对外开放的一个亮点，有望实现规模扩大、结构优化、质量提升的格局，服务贸易规模有可能占我国对外贸易的 15.5%。

（三）战略思路

1. 激励服务创新

服务业领域的创新包括制度创新与技术创新两个方面，抓住了这两个方面的创新，就把准了服务业发展的原动力。服务业创新是一种高风险行为，我们固然要激励创新创业者，但也要包容创新失败者。对创新者，长期以来我们锦上添花者多，雪中送炭者少。必须扭转这一格局。服务业是一个轻资产行业，对资金的要求相对较低。但服务创新充满着太多的不确定性，往往是传统的制度环境束缚了创新。因此，给创新创业者宽松的制度环境尤为重要。通俗地说，就是法不禁则可为，甚至可以是一定程度

的试错纠偏。只有这样，才能将创业创新者的积极性充分
调动起来。

2. 推动跨界融合

通过第一产业和第三产业的有机融合是助推农业现代
化的新途径。不断延伸产业链、努力拓展农业功能，促进
农业与服务业深度融合，是现代农业发展的大趋势。要以
市场需求为导向，以完善利益链接机制为核心，以制度、
技术和商业模式创新为动力，着力培育壮大新型农业经营
主体，着力发展多类型的产业融合模式，大力推进互联网
技术与传统农业深度融合，建设完善的农业产业化综合服
务体系，大力发展包括农村金融、农业科技、涉农物流、
动植物疫病防控、农产品质量安全监管、农村劳动力培
训、农机租赁等在内的为农服务产业。

3. 引导空间集聚

顺应集聚发展的趋势，鼓励服务业园区自然形成和有
机成长，是"十三五"时期服务业发展的重点任务之一。
我们过去习惯于由政府主导"拉郎配"的方式人为地形成
服务业园区或集聚区。这种做法必须扭转。要发挥市场主
导服务业集聚区的决定性作用。政府的责任是搭平台、优
环境、聚人才，而不是插手集聚区具体的建设事务。平台

建设是发展服务业集聚区的重要支撑点。对政府而言，不仅要抓项目、抓集聚区，更要致力于平台建设。要在已有的制造业产业集群内部或者附近，建立起各种为其服务的公共平台，比如研发设计、试验验证等公共技术支撑平台，咨询、评估、交易、转化、托管、投融资等知识产权应用服务平台，集交易、物流、支付等于一体的综合电子商务服务平台，以降低制造业集群的交易成本，优化投资环境。

4. 培育市场主体

既要鼓励服务业企业专业化发展，推动优势服务企业跨地区、跨行业、跨所有制兼并重组，打造跨界融合的产业集团和产业联盟，培育若干有特点、有品牌、有控制力的服务业龙头企业或企业集团；又要积极发展服务业中小企业，让中小企业充满活力和效率。政府支持中小服务企业发展，不是简单直接的帮扶，而是要从完善社会化服务体系，推进中小企业公共服务平台建设着手，通过平台建设，让企业产需对接，供需匹配。

5. 积极有序开放

按照准入前国民待遇加负面清单的管理模式，积极有序推进金融、教育、医疗、文化、体育等领域的对外开放。在维护国家安全的前提下进一步减少服务业的审批事项，简化审批程序。自贸区是服务要素对接全球市场的重要平台，要创造条件，积极扩大自贸园试点工作。选择金融服务以及医疗、教育、商务等重点领域做好服务业扩大开放的试点工作，力争在全国更大范围内推进服务业扩大开放，不断提升服务业对外开放水平，并通过服务业开放促进竞争、提高效率，进而改进服务质量和居民福利。

专题五
2016年第一季度物价
形势分析与展望

张群群　王振霞

一　2016年CPI编制调整以及对物价走势的影响

2016年，国家统计局对居民消费价格指数（CPI）的编制进行商品篮子、权重的调整和基期轮换。国家统计局解释，按照统计制度的规范要求，中国每五年进行一次基期轮换，此前三轮基期轮换分别为2000年、2005年和2010年。自2016年起，将选择2015年为基期。不仅如此，此轮基期轮换还伴随着CPI商品篮子和权重的变化（见表1）。

表 1　　　　　　　　　历次 CPI 指数基期调整情况汇总

CPI 构成	2006 年权重（%）	2011 年权重（%）	2016 年 CPI 构成	2016 年权重调整
食品	33.60	31.39	食品烟酒	下调 3.4 个百分点
烟酒及用品	4.70	3.99	衣着	
衣着	9.00	8.54	其他用品和服务	
家庭设备用品及其维修服务	6.40	5.84	生活用品和服务	下调 1.1 个百分点
医疗保健及个人用品	9.40	9.04	医疗保健	上调 1.3 个百分点
交通和通信	9.50	9.25	交通和通信	上调 1.1 个百分点
娱乐教育文化用品及服务	14.40	14.15	教育文化和娱乐	
居住	13.60	17.82	居住	上调 2.2 个百分点

资料来源：根据 WIND 数据库及统计局网站资料整理。

第一，CPI 编制中八大类商品构成发生变化。与 2010 年基期调整相比，2016 年起，CPI 八大类商品类别是食品烟酒、医疗保健、衣着、居住、教育文化和娱乐、其他用品和服务、生活用品及服务以及交通和通信。主要的变化包括：①将原有的"食品"、"烟酒"合并为现在的"食品烟酒"；②原先的"医疗保健及个人用品"被拆分到现在的"生活用品和服务"、"医疗保健"和"其他用品和服务"中；③原先的"娱乐教育文化用品及服务"被拆分到现在的"教育文化和娱乐"和"其他用品和服务"中；④原先的"家庭设备用品及其维修服务"被拆分到现在的

"生活用品和服务"和"其他用品和服务"中。

第二，食品类商品构成也发生变化。新的"食品"类商品成为"食品烟酒"大类下的中类，且仅包括粮食、畜肉、禽肉、鲜菜、鲜果、水产品等商品，不再包括"茶及饮料"和"在外餐饮"两项。

第三，新增统计商品项目。在新的 CPI 构成中，新增"园艺花卉及用品"、"宠物及用品"、"养老服务"和"金融服务"等居民支出增加较快的分类。修正的主要目的是反映居民消费商品结构的新变化。

第四，CPI 各类商品构成的权重发生重要变化。与 2010 年基期调整相比，本轮基期的食品烟酒权数下调 3.4 个百分点（其中，旧口径食品权数下调 3.2 个百分点），生活用品和服务权数下调 1.1 个百分点；居住权数上调 2.2 个百分点，交通和通信权数上调 1.1 个百分点，医疗保健权数上调 1.3 个百分点，其他分类权数变动相对较小。

从基期调整对 CPI 走势的影响看，有些因素将促进 CPI 上涨，如近年来医疗、教育等服务价格持续上涨，近期部分城市居住价格上涨明显等。当然，也存在抑制 CPI 上涨的因素，其中主要是食品价格对 CPI 的影响在明显下降。一方面，食品价格在 CPI 中所占权重被调低；另一方

面，由于长期以来，食品价格涨幅高于非食品价格，基期
轮换明显弱化了 1—2 月食品价格上涨的影响。

二   2016 年第一季度物价走势分析

2016 年 2 月，CPI 同比上涨 2. 3%（见图 1）。其中，
城市上涨 2. 3%，农村上涨 2. 2%；食品价格上涨 7. 3%，非
食品价格上涨 1. 0%；消费品价格上涨 2. 6%，服务价格上
涨 1. 8%。1—2 月平均，CPI 比 2015 年同期上涨 2. 0%。

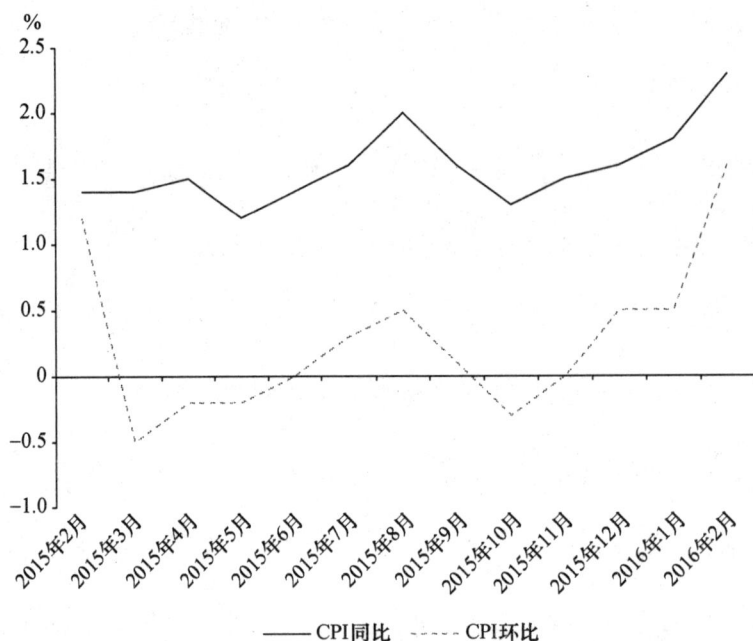

图1   2015 年 2 月—2016 年 2 月 CPI 同比、环比走势

资料来源：国家统计局网站。

从环比数据看，2月 CPI 上涨 1.6%，涨幅较为明显。其中，城市上涨 1.6%，农村上涨 1.6%；食品价格上涨 6.7%，非食品价格上涨 0.3%；消费品价格上涨 2.2%，服务价格上涨 0.5%。

1—2月 CPI 走势好于预期的主要原因是食品价格的大幅上涨。2月正逢春节期间，肉禽、鲜菜价格明显上涨。据统计，鲜果、猪肉价格环比分别上涨 6.9%、6.3%（见表 2）。鲜菜价格环比上涨 29.9%，创 2008 年 3 月以来月度最高涨幅，影响 CPI 环比上涨约 0.84 个百分点，超过 CPI 环比总涨幅的一半。除食品价格以外，春节期间交通运输、旅游等服务业价格也明显上涨。仅 2 月，长途汽车和旅行社收费价格环比分别上涨 4.3% 和 3.1%；车辆修理与保养、理发、家政服务价格环比分别上涨 6.9%、5.7% 和 3.6%。

表2　　　　　2016 年 1—2 月主要商品价格波动情况

	2月		1—2月
	环比涨跌幅（%）	同比涨跌幅（%）	环比涨跌幅（%）
CPI	1.6	2.3	2
食品烟酒	4.6	5.8	4.7

续表

	2 月		1—2 月
	环比涨跌幅（%）	同比涨跌幅（%）	环比涨跌幅（%）
鲜菜	29.9	30.6	23.2
畜肉类	4.9	15.1	13
猪肉	6.3	25.4	22.1
羊肉	2.1	−7.8	−8.7
鲜果	6.9	−7.9	−7.4
烟草	0	6.3	6.4
衣着加工服务	0.6	3.4	3.7
家庭服务	2.3	3.8	4.5
租赁房房租	0.3	2.6	2.6
交通工具用燃料	−0.9	−6	−6.6
通信工具	−0.4	−3.6	−3.8
教育服务	0.2	2.2	2.1
旅游	2.8	−0.7	1.4
中药	0.2	4	4.1

资料来源：国家统计局网站。

从工业生产者价格走势看，PPI 降幅有缩窄的趋势（见图 2、图 3）。2 月，PPI 同比下降 4.9%，降幅比 1 月缩小 0.4 个百分点。分行业看，煤炭开采和洗选、黑色金属冶炼和压延加工、石油加工、有色金属冶炼和压延加工、化学原料和化学制品制造出厂价格同比分别下降 17.6%、16.2%、14.3%、10.7%、5.9%，合计影响当月工业生产者出厂价格总水平同比下降约 2.9 个百分点，占

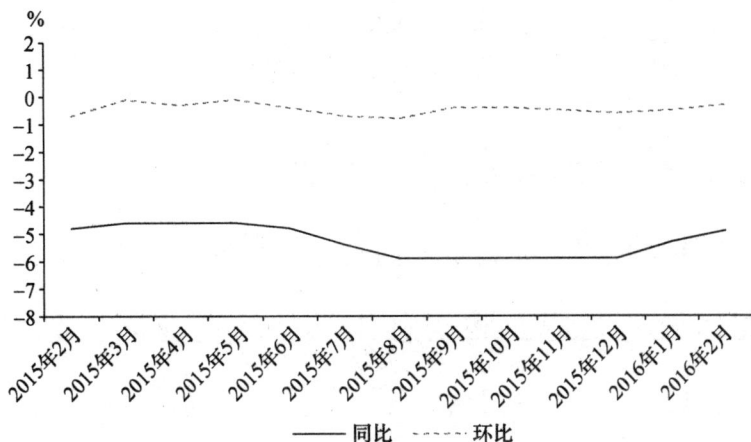

图 2　2015 年 2 月—2016 年 2 月工业生产者出厂价格指数同比、环比走势

资料来源：国家统计局网站。

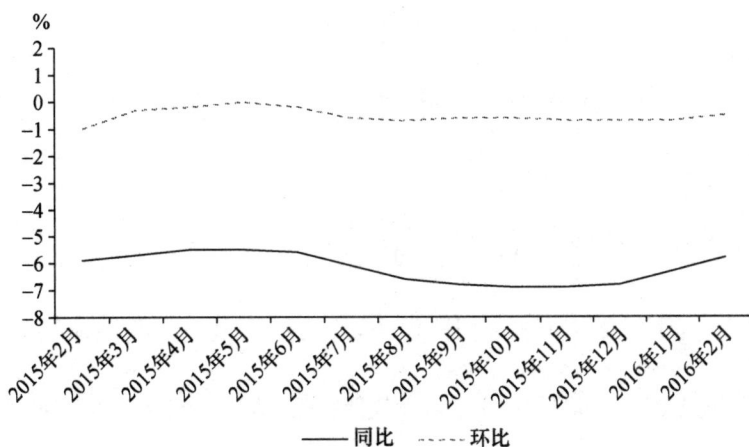

图 3　2015 年 2 月—2016 年 2 月工业生产者购进价格指数同比、环比走势

资料来源：国家统计局网站。

总降幅的 59% 左右。但是，这些行业价格环比降幅有所缩窄，有色金属矿采选、黑色金属冶炼和压延加工价格环比甚至分别上涨 1.2% 和 0.5%，带动 PPI 环比降幅有所回升。

与金属冶炼等传统行业的降幅缩窄相比，新兴行业表现则比较抢眼。1—2 月，航空、航天器及设备制造业、电子及通信设备制造业和信息化学品制造业同比分别增长 27.5%、12.1% 和 21.1%；运动型多用途乘用车（SUV）、智能手机和工业机器人同比分别增长 60.4%、18.6% 和 17.7%。预计在传统行业价格降幅缩窄、新兴行业快速发展的双重推动下，工业生产者价格指数将持续改善。

三　对 2016 年全年物价走势的预测和争论

对 2016 年价格总水平走势的预测存在明显的分化和争论，最初主要的争论焦点集中在工业领域价格走势上。有的研究认为，2016 年价格走势将总体向好，特别是工业领域价格将明显回升。由于受国际大宗商品止跌回升、国内产出缺口缩窄和宽松货币政策滞后影响，以及随着淘汰落后产能压力的下降，企业经营状况将逐渐好转，2016 年物价总水平将明显好于 2015 年。

但也有的研究比较悲观，认为 2016 年价格总水平将继续保持低位运行，不会有明显好转。随着中国国内经济新常态和结构调整速度加快以及全球贸易低速增长，由于外需疲软、国际大宗商品价格稳定、强势美元，以及国内投资基数已经十分巨大等因素影响，预计 2016 年国内 PPI 依然保持低位运行。此外，也有研究提出，由于主要农产品价格补涨性质的快速反弹基本结束，国内粮食连年丰收，以及国际大宗商品价格低位运行，2016 年国内 CPI 上涨趋势将被抑制。"债务—通缩"问题在工业领域表现将更加严峻，GDP 平减指数仍可能在零值附近波动。这将导致 2016 年低通胀局面有所加深。虽然 2016 年中国经济触底反弹已经具备坚实基础，但应高度关注 2015 年 GDP 增速、GDP 平减指数以及核心 CPI 走势的实质，认清目前中国经济增速下滑已经开始从传统的趋势力量主导的下滑转向趋势性与周期性力量并行的下滑，要高度重视"有效需求不足"长期化带来的中期负面影响。此外，要高度重视生产领域的通货紧缩与高债务叠加产生的内生性紧缩效应。

我们认为，上述研究提到国内外各类因素都将对 2016 年价格走势产生影响。其中，最重要的因素依然是国内供需结构的变化和经济增速水平。在此基础上，应重点关注占物价指标权重较大的重要商品价格走势以及宏观政策对物价走势的传导。同时，关注能源和粮食等国际大宗商品价格走势、美元汇率周期性影响以及国际主要经济体复苏情况。

2016 年，受经济下行压力、部分产能过剩行业经营困境以及国际大宗商品价格持续走低的影响，国内物价指数低水平运行属于大概率事件。但由于居民消费和服务业发展势头良好，前期宽松宏观政策继续保持，部分城市房地产市场复苏等因素综合影响，2016 年物价总水平走势应好于 2015 年，预计全年 CPI 将上涨 1.8%—2%。针对工业领域通缩以及 CPI 与 PPI 之间缺口加大的问题，我们认为，部分产能过剩行业去库存、去产能是较长期的过程，工业领域难以在短期内摆脱经营困境。2016 年 PPI 由负转正难度较大。但是，随着国家鼓励创新、简政放权政策的实施，经济结构将逐步优化，高新技术产业、互联网产业等发展将为工业领域注入新的活力，从而抑制工业生产者价格进一步下滑。预计 2016 年全年 PPI 降幅在 2.0% 以内。

四　2016 年物价领域工作重点和政策建议

总体而言，2016 年物价走势有诸多不确定性，国内外影响因素较为复杂。为了更好地制定价格管理和调控政策，本文提出如下政策建议：

第一，价格总水平低位运行为深化改革提供空间，应抓住有利时机加快推进改革。一是利用当前价格总水平低位运行的有利时机，加快推进自然垄断行业中竞争环节的价格改革。加快电力市场改革，尽快实现"网厂分开、竞价上网、输配分开、售电放开"等，理顺电力价格形成机制。积极推进铁路、航空运输价格改革，以价格改革带动投融资体制改革，提高行业竞争力。进一步完善阶梯电价、阶梯水价的形成机制。二是形成能够反映环境价值的资源能源相对价格体系。将天然气定价改革试点单位经验推广到全国。进一步完善原油、成品油价格与国际接轨方式，使能源价格反映真实价值。加快推进电煤价格市场化改革。三是系统协调推进价税财联动改革。价格总水平低位运行有助于"营改增"、资源税和房地产税等改革的推进。综合利用价税手段有效降低企业的经营成本，提高竞争力。

第二，慎重选择宏观政策调控工具。在经济增长速度放缓周期，实施积极的宏观政策是必然选择。但是应高度关注宏观政策实施的滞后效应。中国人民银行预测，2015年五次降息、五次降准，加上积极财政政策，预计会对

2016 年的 CPI 走势产生重要影响。未来宏观政策工具应针对具体行业发展现状，实施有差别的指导，切实降低小微企业、高新技术产业融资成本，淘汰落后产能，实现工业的升级换代。确保新增货币供给主要流向实体经济领域。同时，进一步完善利率、汇率市场化改革。理顺利率政策与金融市场、实体经济之间的传导关系；合理扩大汇率管理的浮动空间。运用宏观审慎政策，防止系统性风险的爆发。适度扩大财政赤字率，在保障政府承担公共职能的基础上，继续推进结构性减税，提高财政在社保和民生领域的支出，切实降低企业经营成本和负担。

第三，密切关注资产市场价格波动，防止金融市场风险向实体经济扩散。高度关注部分城市房地产价格剧烈波动，防止形成新的市场泡沫。在合理推动部分城市房地产去库存的同时，也要抑制某些地区房地产市场投资冲动。重视股票、债券市场对居民财富积累、扩大消费和鼓励企业投资的重要作用。引导金融市场健康发展，防范金融市场价格过度波动。严厉打击违法投机行为，建立透明公正的市场交易环境。探索资本市场监管的新方式，认真研究和总结股票涨跌停制度、"T＋1"交易制度和上市公司停牌制度以及指数熔断机制短暂试运行的效果和缺陷，结合中国金融市场自身特点，逐步稳妥推进交易制度的改革。

第四，注重防范国际市场价格风险的传导，及时有效对冲风险。高度关注石油、天然气和农产品等国际大宗商品价格走势变化，及时调整我国进出口政策，防止国际市场价格风险对国内实体经济的冲击。利用国际原油等大宗商品价格低位运行的有利时机，完善石油、液化天然气等重要商品储备制度。鼓励资源能源企业走出去，扩大能源领域国际合作。大力发展能源期货等金融市场，用金融工具对冲能源贸易价格风险。加大对国内垄断能源企业的成本审核力度，完善国家补贴政策，逐步形成科学合理的国内外价格联动机制。

第五，根据消费结构的变动趋势，合理调整价格指数的编制。现有 CPI 编制构成中，食品类比重较高，特别是猪肉等肉禽产品权重较高，其价格波动将明显影响 CPI 走势。实际上，随着居民收入水平提高，食品类消费占总支出比重逐渐下降，服务类消费比重正在上升，现有 CPI 编制在一定程度上不能准确反映价格总水平波动程度。除调整 CPI 编制构成之外，还应逐渐将商品的替代品种类和可替代程度引入指数编制，更好地反映单一产品价格波动的真实影响。工业生产者价格中，传统化石能源行业所占比重较高，其价格走势不能反映能源结构优化等战略目标，应根据实际情况适时予以调整。

第六，积极开展反垄断执法，维护公平竞争市场秩序。密切关注重点行业经营态势，依照相关法律法规，治理滥用市场支配地位打击合理竞争的行为。不断完善反垄断法律法规体系。把转变政府职能、推进行政管理体制改革、行业改革和国有企业改革，与推行反行政垄断执法、防范经营者违法集中等措施有机结合起来。重点关注医药、旅游以及相关服务业的价格违法行为，维护市场公平竞争秩序。清理对企业和居民个人办理相关业务的乱收费、乱定价等违规行为，切实减轻企业和居民的负担。

专题六
2016 年第一季度房地产
市场形势分析与展望

邹琳华

一 当前形势：楼市回暖量增价涨，
开发投资触底回升

2016 年第一季度，在宏观利好政策不断加码加大特别是住房信贷政策极为宽松的大背景下，房地产交易回升。一线城市率先完成去库存过程，房价出现快速上涨。三、四线城市由于前期库存过高、需求相对疲软，房价稳中有升，尚未出现大涨。随着销量的增长和库存增速的下降，房地产开发投资触底回升，在一定程度上提升了宏观经济信心。在一线城市和部分热点城市，投资者、投机者也开始大量进场。

1. 一线城市房价出现大涨，二、三线城市房价稳中有升

随着降税、降首付、降息等宏观利好政策的不断加码，中国大中城市房价走势总体延续了自 2014 年 12 月以来的房价回升态势，房价上涨由一线城市向二、三线城市扩散。2015 年 12 月，100 个大中城市样本住宅平均价格为 10980 元。到 2016 年 2 月，100 个大中城市样本住宅平均价格上涨为 11092 元，比 2015 年年末上涨了 112 元（见图 1）。从环比看，2015 年 12 月，100 个大中城市中，房价环比上涨的有 51 个，持平的有 4 个，环比下降的为 45 个。到 2016 年 2 月，环比上涨的城市增至 61 个，持平的有 1 个，房价环比下降的城市降为 38 个（见图 2）。从同比看，2015 年 12 月，100 个大中城市中，房价同比下降的城市为 57 个，同比上涨的城市为 43 个。到 2016 年 2 月，房价同比下降的城市为 59 个，持平的为 1 个，同比上涨的城市为 40 个，房价突破 2015 年同期高点的城市个数与 2015 年年末比相比减少了 3 个（见图 3）。

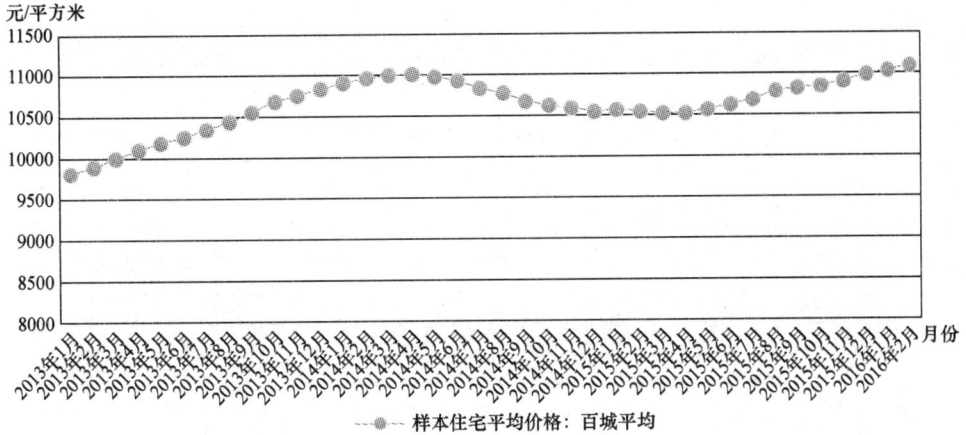

图1　中国百城住宅价格指数：样本住宅平均价格

资料来源：wind 资讯。

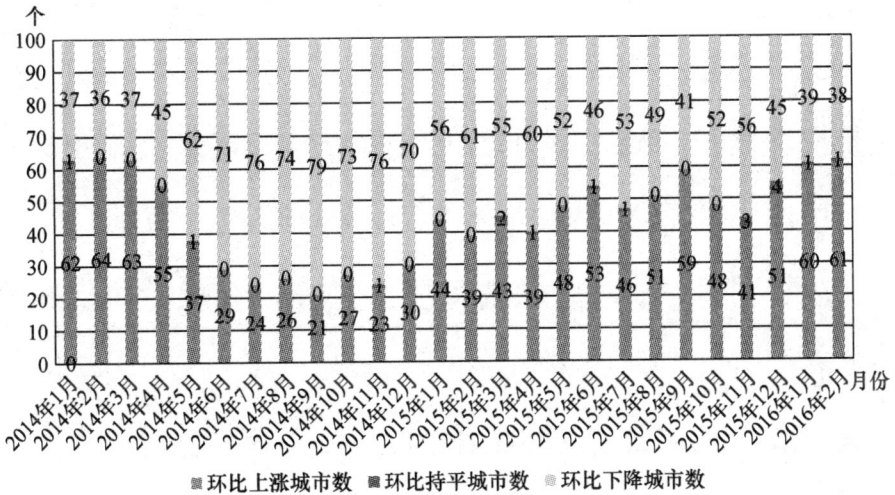

图2　中国百城住宅价格指数：环比上涨、持平与环比下降城市个数

资料来源：wind 资讯。

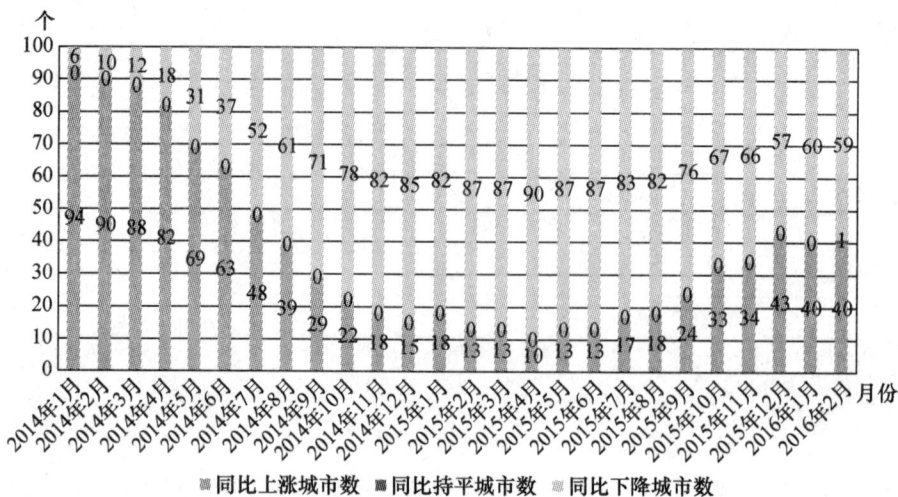

图3　中国百城住宅价格指数：同比上涨、持平与同比下降城市个数

资料来源：wind 资讯。

城市住房市场分化加剧，一线城市房价大涨，二线城市房价涨速略有回升，三线城市房价止跌企稳。在货币供应量快速增长、楼市利好政策不断出台的背景下，不同类型城市由于库存水平和潜在需求差异较大，市场反应不一。2015 年 12 月，一线城市房价大涨，二线城市房价涨速略有回升，三线城市房价止跌企稳。100 个大中城市中，一线城市住宅价格指数环比上涨 1.82%，同比上涨 17.2%；二线城市住宅价格指数环比上涨 0.63%，同比上涨 0.64%；三线城市住宅价格指数环比上涨 0.04%，同比下降 1.47%。到 2016 年 2 月，一线城市房价涨速进一步加快，二、三线城市房价稳中有升。100 个大中城市中，

一线城市住宅价格指数环比上涨 2.01%，同比上涨
21.04%；二线城市住宅价格指数环比上涨 0.41%，同比
上涨 1.47%；三线城市住宅价格指数环比上涨 0.42%，同
比下降 0.06%（见图 4、图 5）。

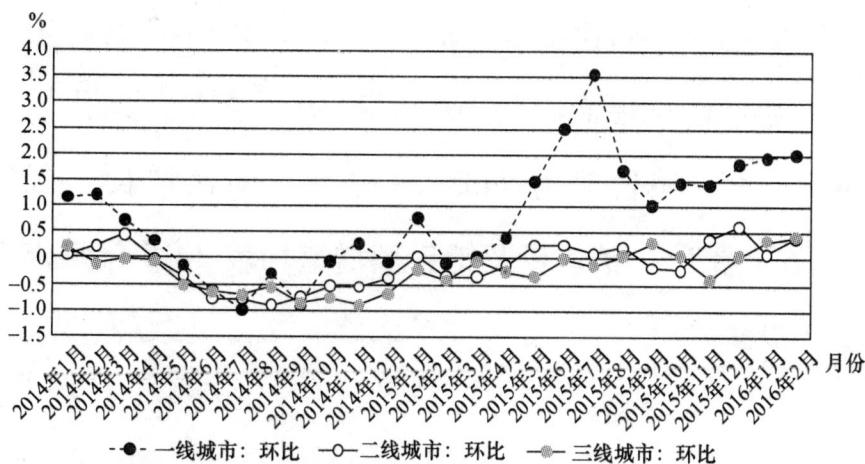

图 4　中国百城住宅价格指数：一、二、三线城市环比

资料来源：wind 资讯。

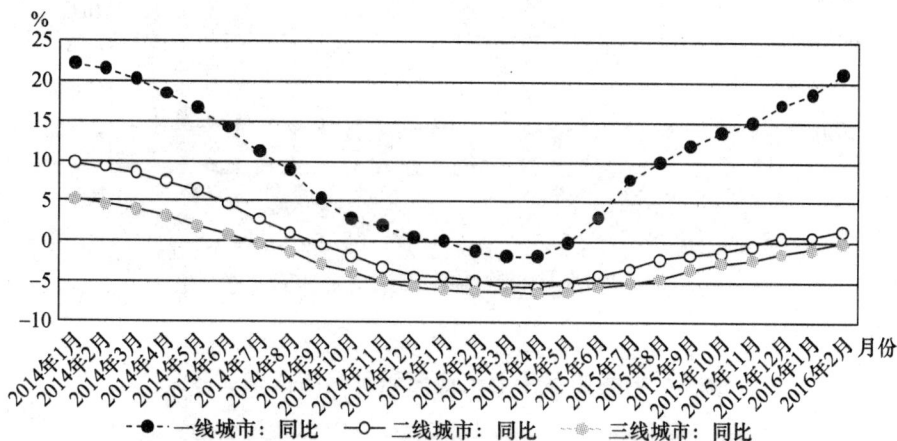

图 5　中国百城住宅价格指数：一、二、三线城市同比

资料来源：wind 资讯。

2. 销量显著回升，库存增速下降

2016 年第一季度，中国商品住宅销售量增速显著回升。2015 年 12 月，中国商品住宅累计销售面积为 112405.68 万平方米，同比增长 6.9%；累计销售额为 72753.00 亿元，同比增长 16.6%。到 2016 年 2 月，中国商品住宅累计销售面积为 10056.39 万平方米，同比增长 30.4%；累计销售额为 7435.28 亿元，同比增长 49.2%（见图 6、图 7）。销售量及销售额增速均较 2015 年年末有突变性提高。

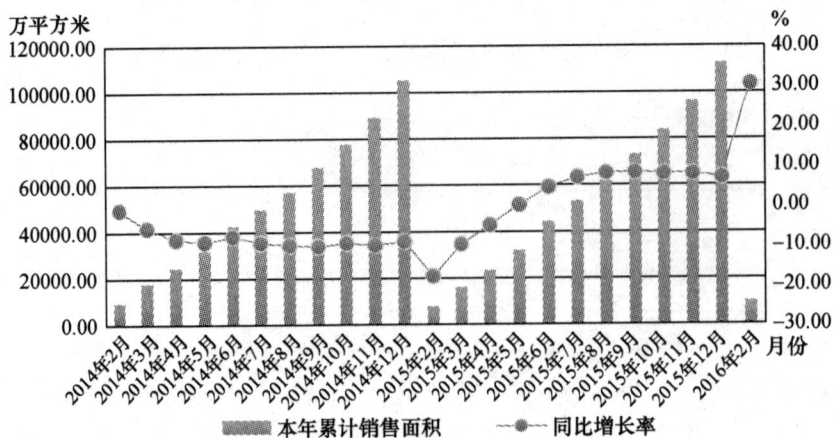

图 6　中国商品住宅销售面积及其同比增长率

资料来源：国家统计局。

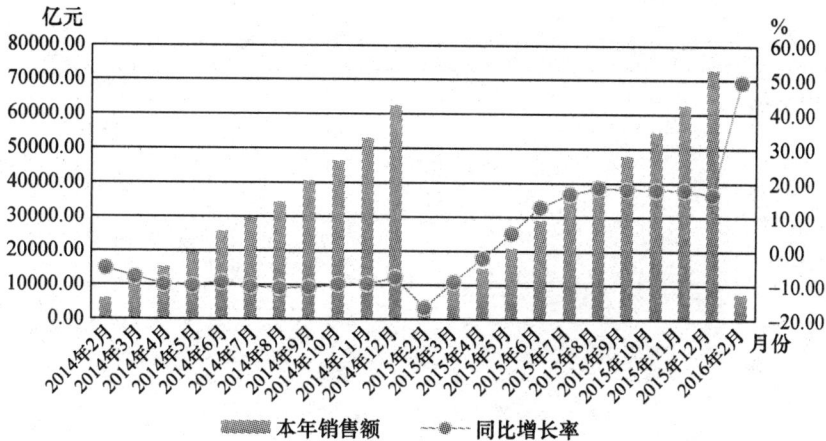

图 7　中国商品住宅销售额及其同比增长率

资料来源：国家统计局。

随着销量回升，库存增速减缓。2015 年 12 月底，中国新建商品住宅待售面积为 45248 万平方米，同比增长 11.2%。到 2016 年 2 月底，中国新建商品住宅待售面积增加至 46635 万平方米，同比增长 10.6%，增速比 2015 年年末下降 0.6 个百分点（见图 8）。

3. 开发投资增速短线触底，进入缓慢回升通道

由于住房开发企业需要根据库存消耗状况来决定投资规模，所以开发投资增速的回升一般要滞后于销售量回升半年到一年。随着 2015 年以来商品住房销售量的持续回升及库存增速的不断下降，商品住房开发投资增速短线触底，进入缓慢回升通道。但由于库存总量仍很高，开发投

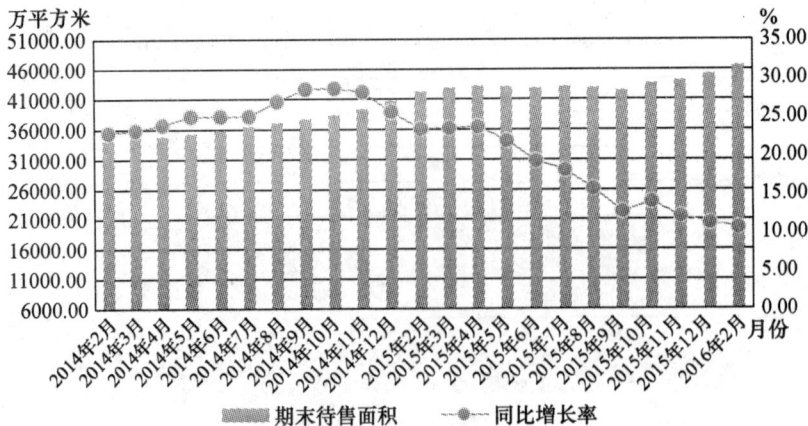

图8 中国新建商品住宅待售面积及其同比增长率

资料来源：国家统计局。

资增速不会出现快速增长。2015 年 12 月，中国商品住宅开发投资累计额为 64595.24 亿元，同比增长 0.4%。到 2016 年 2 月，中国商品住宅开发投资额累计为 6027.52 亿元，同比增长 1.8%，增速比 2015 年年末上升 1.4 个百分点（见图9）。

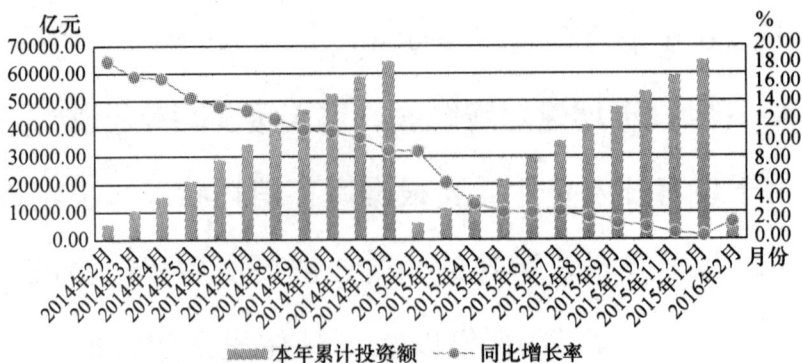

图9 中国商品住宅开发投资额及其同比增长率

资料来源：国家统计局。

2015 年 12 月，中国商品住宅累计新开工面积为 106651.30 万平方米，同比下降 14.6%。2016 年 2 月，中国商品住宅累计新开工面积为 10811.49 万平方米，同比上升 9.7%（见图 10）。

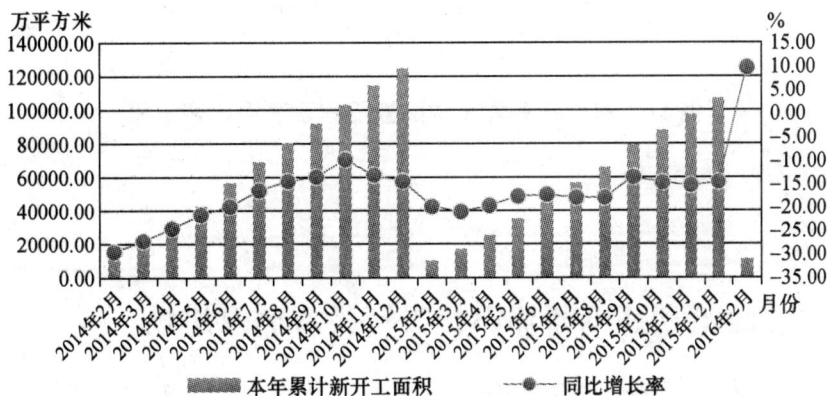

图 10   中国商品住宅累计新开工面积及其同比增长率

资料来源：国家统计局。

2015 年 12 月，中国房地产开发累计土地购置面积为 22810.79 万平方米，同比下降 31.7%。2016 年 2 月，中国房地产开发累计土地购置面积为 2235.60 万平方米，同比下降 19.4%（见图 11）。

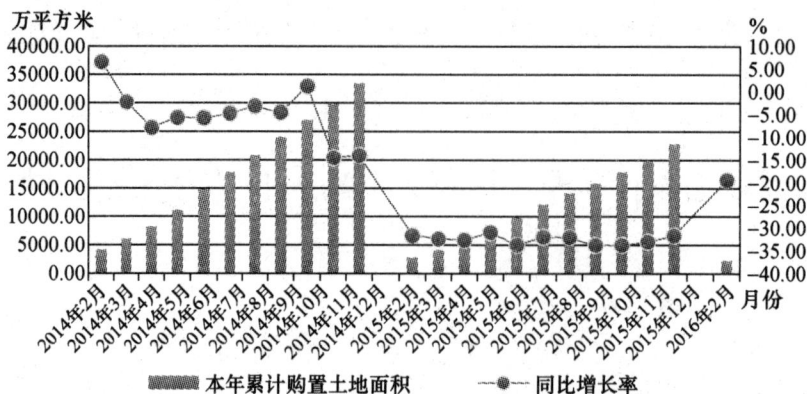

图 11　房地产开发土地购置面积及其同比增长率

资料来源：国家统计局。

4. 政策利好不断加码，投资投机需求进场

从政策面看，购房金融环境极为宽松，对购房的信贷支持不断加码，形成极有利于住房泡沫扩散的金融条件。自 2014 年 9 月以来，一线城市二套房信贷管制不断放松，二套房的认定条件从"认房又认贷"改为"认贷不认房"，这意味着如果首套房贷还清二套房仍可以享受首套房的按揭优惠政策；二套房按揭首付成数大幅调低，由以往的 7 成降为目前的 4 成左右；持有住房的成本不断下降，央行自 2014 年以来已连续 6 次降低贷款利率，目前一般按揭贷款基准利率商业贷款仅为 4.9%，公积金贷款仅为 3.25%；货币投放量迅猛增长，2016 年 1 月末，广义货币

（M2）余额为 141.63 万亿元，同比增长 14.0%，增速分别比上月末和 2015 年同期高 0.7 个和 3.2 个百分点，当月人民币贷款增加 2.51 万亿元。近年来，兴起的各种互联网金融创新工具也显著降低了购房门槛：如 P2P 平台对购房者提供的具有场外配资性质的首付贷，使事实上的"零首付"购房得以实现；各种众筹炒房行为，使炒房的最低门槛甚至降至千元以下。

二　主要问题：区域市场结构失衡，高库存与住房同时短缺并存

当前我国住房市场最大的问题是，区域住房市场发展出现严重结构失衡，高库存与住房短缺同时并存。一、二线城市住房供求矛盾突出，房价畸高；三、四线及以下城市住房阶段性过剩，库存高企。如果政策工具运用不当，一方面可能引发一、二线城市房价快速上涨；另一方面还将加剧三、四线城市未来的过剩。

1. 三、四线城市短期供过于求，去库存将是首要任务

2014 年以来，住房"总量供不应求"时代已经淡出，"结构性过剩"时代已经到来。城镇化与工业化作为过去

十年住房市场发展的超级引擎,目前都处于减速状态。经济增长进入所谓的"新常态",城市经济结构正面临着巨大的转型升级压力。由于收入增长决定人口流向,经济减速也意味着城市对人口的吸引力正在减弱。在需求总量退热的同时,中国城镇住房却已经累积了巨额的存量,并且仍在按以往的惯性高速增长。特别在一些三、四线城市,商品住房积压现象已经很严重。2014年,尽管政府对住房需求管控政策已经趋于宽松,但住房市场仍然在主动下调。这表明,住房市场发展正由总量供不应求进入结构性过剩阶段。

2. 一、二线城市住房仍将供不应求,扩大供给仍是主线

一、二线城市在未来一段时间内仍将呈现人口净流入的态势。我国产业结构正面临深刻转型,第三产业在经济总量中的比重将不断上升,而第二产业在经济总量中的比重将趋于下降。由于第三产业主要集中于一、二线城市,而第二产业则是三、四线城市的重要经济支柱,这种产业结构转型实际上指明了未来的城市的人口分布蓝图。未来一段时间三、四线城市人口总体将持续外流,而一、二线城市人口总体将继续保持流入态势。三、四线城市目前商品住房高库存及滞销问题已经较为严重,而其未来一段时间内的人口又呈流出态势，住房供给结构性过剩问题必将会更加突出。而一、二线城市随着人口的继续流入住房仍将供不应求，扩大供给仍是楼市发展主线。

3. 过剩的主要是区位和配套条件差的住房，优质住房仍将短缺

优质住房也仍将存在"结构性短缺"。虽然从量的方面看，中国城镇商品住房已经出现结构性过剩。但从质的方面看，很大一部分家庭居住条件仍然较差，狭小公寓、老旧公寓或不成套住宅占存量住房的比重很大。随着人们收入的增长和对生活品质要求的进一步提升，对优质住房的需求还将稳步增长，优质住房仍然具有一定的稀缺性。此外，由于我国基础教育水平极不均衡，因而优质学区住房也成了一种稀缺资源。

4. 住房政策工具运用不当将加剧住房市场结构失衡

历史经验表明，在经济增速下降的条件下，政府很容易走上利用房地产热拉动经济增长的旧路。单一住房刺激政策将加大宏观经济风险和房地产市场不稳定性，使一、二线城市房价短期飞涨，三、四线城市过剩现象更加严重，阻碍房地产市场改革的深化。在市场相对过剩时代，住房市场仍蕴含着巨大的潜在需求，需要通过深化住房供

给机制改革才能加以释放。让城镇居民能够较低成本地获得高品质、个性化的住房，是启动住房改善性需求的关键。单纯的住房刺激政策只能扩大住房投机，加大住房过剩水平，难以有效提高居民住房条件。特别是金融刺激政策，还容易带来通胀、金融不稳定等严重后果。

三　第二季度预测：房价短期仍将维持向上态势

2016 年第二季度，房价短期仍将维持向上态势。其中一线城市房价涨速趋缓，二线城市房价分化加剧，三、四线城市房价稳中有升，住房开发投资增速缓慢回升。

（一）一线城市房价惯性上涨，但涨速可能趋缓

在宏观金融刺激、住房需求管制政策不断松绑等的综合作用下，2016 年第一季度一线城市住房销售加速，房价快速上涨，部分城市如上海、深圳涨幅惊人。这也使一线城市房价上涨的能量得以提前释放。同时一线城市房价暴涨也促使了政府较严厉房价调控措施的出台，在控制了需求增长的同时也增进了市场的观望情绪。2016 年第二季度一线城市楼市可能难以再有更好的表现，房价总体将涨速

趋缓。

（二）二线城市继续分化，三、四线及以下城市房价稳中有升

在政策利好不断出台及购房信贷宽松的大背景下，多数二线城市房价稳中有升，部分热点城市房价可能快速上升。

三、四线及以下城市面临着住房库存水平高、人口老化、产业结构转型困难、需求增速较低等问题。即使销售速度有所加快，库存水平短期内仍难以下降到合理值范围内。稳价走量将是三、四线及以下城市 2016 年的主线。同时由于三、四线及以下城市金融环境极为宽松，购房信贷成本处于历史低点，加上今后政府的各种支持与刺激政策仍将相继出台，房价短期将稳中有升。

（三）开发投资缓慢回升，带动宏观经济增速触底回升

随着销售速度加快和库存水平降低，第二季度一、二线城市开发企业将率先加大补充库存力度，带动一、二线城市土地市场回暖和开发投资回升，这对宏观经济增速将有一定的拉动效应。

四　对策建议：去库存与住房供给体系改革相结合

1. 一、二线城市应继续扩大供给，抑制住房投资投机需求

鉴于一、二线城市住房供求矛盾仍将长期存在的事实，一、二线城市住房政策的主线是多方扩大住房供给，量力支持住房改善，继续抑制住房投资投机，保持房价相对平稳。

一是进一步降低存量住房交易税费，促进二手住房入市，缓解新房供应不足。由于二手房税费过高，虽然房价近年涨幅不小，但是扣除税费实际获利不大，导致房主惜售或转售为租。从购房者角度看，购买二手房税费过高，驱使购房者转向新房市场，导致二手房交易萎缩，加剧了新房市场供求矛盾。具体措施包括扩大契税优惠，所有普通商品住房契税均按 1% 的优惠税率收取；取消 2 年限制，所有普通商品住房交易免征增值税；取消自用 5 年及唯一生活用房限制，所有出售普通商品住房的所得均免征个人所得税。

二是多方扩大普通商品住房供给。短期政策包括加大

普通住房土地供应，加快住房用地入市节奏，提高中低价位商品住房入市审批的速度，在补交土地出让金和科学规划的前提下支持"商改住"、"工改住"等土地用途改变。

三是适时降低多套住房融资杠杆，抑制住房投机。热点城市可以考虑采取临时性需求管控措施，提高多套住房首付，将二套房首付提高到 5—7 成，同时将二套房认定标准由"认贷不认房"改为"认房又认贷"，停止对三套及以上住房提供按揭贷款，清理各种违规首付贷，降低购房金融杠杆，抑制住房投资投机。

2. 三、四线及以下城市应多方消化住房库存，支持改善性住房需求和提升外来人口置业吸引力

基于三、四线城市高库存及需求增长疲软的现状，三、四线城市的政策主线是多方设法消化现有的住房库存，挖掘需求潜力，同时抑制供给的过快增长。

一是继续支持改善性住房需求。三、四线及以下城市虽然住房总量存在阶段性过剩，但居民住房水平并不高。紧凑型公寓楼仍是当前住宅存量的主体，多代人共居一户现象较为普遍，居民改善住房条件的期望仍很迫切。通过支持居民住房条件的改善，可以消化一部分过剩的库存。具体措施包括尽快出台购房贷款利息抵扣所得税政策；对于"买一卖一"的换房需求给予税费减免或适度财政补贴；对于居民为改善住房条件购买二套住房给予适当的金融支持等。

二是吸引县域和农村人口进城就业和置业。进一步放宽户籍限制，提升教育、医疗等公共服务水平，发展地方优势产业，吸引县域和农村人口就业和置业，在消化库存的同时降低一线城市人口与住房压力。

三是根据需要调整房地产用途结构。在不影响其他居民居住环境的前提下，支持住宅转商用或用作创业场所。

四是政府购买过剩商品房用作保障房。停建或缓建保障性住房，通过低价购入滞销商品住房，用于保障性住房及安置房。